영혼이 이끄는 삶

Living from the Soul

샘 토로드 지음 · 이경 옮김

Living from the

영혼이 이끄는 삶

자유롭고 조화로운 삶을 위한 에머슨의 가르침

Soul

클레이하우스
CLAYHOUSE

일러두기

이 책은 원서 『Living from the Soul』과 『Secrets of the Mind』의 합본호이다.
한국어판에서는 저자의 허락을 구해 1부와 2부로 구성했다.

단행본은 『』로, 그림은 「」로, 잡지는 《 》로 표기했다.

본문에 나오는 책의 제목은 원어 그대로 번역한 후 원제를 병기했고, 국내 출간된 도서
의 경우 원제 병기 없이 한국어판 제목만 표기했다.

굵은이 주는 각주, 옮긴이 주는 미주로 처리했다.

삶의 비밀은 영혼이다.

-랄프 왈도 에머슨

1부 영혼의 법칙

2부 마음의 법칙

1부 영혼의 법칙

에머슨은 왜 영혼을 말하는가?

나의 세계가 무너질 때 어떻게 할 것인가?

불확실함의 한복판에서 어떻게 평화를 찾을 수 있을까?

누구에게 삶의 지침을 얻고 기댈 수 있을까?

이것은 랄프 왈도 에머슨이 서른 살에 맞닥뜨렸던 질문들이다.

그가 사랑한 아내 엘런은 겨우 18개월의 결혼 생활을 끝으로 1831년 2월에 폐결핵으로 세상을 떠났다.

에머슨은 할아버지와 아버지의 뒤를 따른 기독교 목사였다. 그러나 엘런의 죽음 이후 몇 달이 흐르는 동안 그의 믿음은 전통적인 기독교 정신에서 벗어나기 시작했다. 더 이상 예전처럼 종교 의례와 교리를 편안하게 반복할 수 없게 된 그는 결국 목사직을 내려놓았다.

1832년 12월, 아무런 대비책도 없이 일자리를 잃은 전직 목사 신세가 된 에머슨은 돌연 유럽으로 향하는 배에 올랐다. 그는 이제 비유적으로, 그리고 문자 그대로 망망대해를 떠도는 사람이었다.

10개월간 여행을 하는 동안 에머슨은 몰타, 이탈리아, 프랑스, 잉글랜드, 스코틀랜드에서 시간을 보냈다. 그리고 동시대를 이끄는 과학자들의 강의를 듣고, 새뮤얼 테일러 콜리지, 토머스 칼라일, 윌리엄 워즈워스 등 저명한 작가들을 만났다. 파리의 식물원과 자연사박물관에서는 모든 생명체가 서로 밀접하게 연관되어 있음을 깨닫는 개안의 경험을 했다.

이 여행은 에머슨의 인생에서 하나의 전환점이 되었다. 절망의 한가운데에서 삶의 깨달음을 얻은 것이다. "아직 무엇이라고 단언하기 어려운 그것은 어린 시절부터 지금까지 나에게 천사와도 같은 존재였다."

그는 여행을 마치고 집으로 돌아오는 길에 일기에 이렇게 적었다.

> 그것은 나에게 희망으로 영감을 불어넣었다. 그것은 나의 패배로 인해 패배하지 않는다. 또한 그것은 드러나게 될 영광이고 우주의 열린 비밀이다. 나는 삶 속에서 그것을 믿으며 그것이 계속된다고 믿는다. 내가 여기에 있는 한, 나는 불의 연필로 쓴 내 의무들을 숨김없이 읽는다. 그것들은 죽음에 대해 말하지 않는다. 그것들은 불멸의 실로 엮은 것이다.

그가 자신을 이끄는 '천사'라고 말한 것은 무엇일까? '우주의 열린 비밀'이란 무엇일까?

바로 '영혼'이다.

우리 대부분이 그랬듯이 에머슨 역시 영혼이란 신이 우리 각자 안에 심어준 불멸의 정신이며 구원받거나 천벌을 받을 수도 있는 것이라고 배웠다. 하지만 격동의 몇 해 동안 신념이 진화하고 마침내 해외 순례를

다녀오면서, 그는 영혼에 대해 전과는 매우 다르게 이해하게 되었다.

명상과 경험을 통해 에머슨은 영혼이 보편적인 의식의 일부라는 결론을 얻었다. 그에 따르면 오버소울 oversoul[1]은 존재의 가장 본질적인 근원이며 그것으로부터 에너지와 물질, 생명 등 모든 것이 나온다.

우리는 영혼을 정의할 수 없고 은유와 시로 떠올리게 할 수 있을 뿐이다. 에머슨은 영혼을 태양에 비유했다. 태양은 똑바로 바라보기에는 너무 밝지만 우리는 태양 덕분에 모든 것을 볼 수 있다. 또한 영혼은 광활한 바다이며 우리의 개별적 영혼은 그 위로 잠시 떠올랐다가 다시 합쳐지는 파도와 같다고 그는 묘사했다.

그의 관점에서 개별성은 통합된 전체의 부차적인 요소다. 우리 한 명 한 명은 모든 사람, 동식물, 지구, 태양계, 우주 전체와 분리할 수 없는 존재다. 그리고 각각의 파도가 바다를 품고 있는 것처럼 우리는 각자 내면에 우주를 품고 있다.

에머슨에 따르면 영혼은 지성적으로 이해하거나 과학적으로 검토할 수 있는 것이 아니며, 오직 느끼고

영혼이 이끄는 삶

사랑하고 즐기는 것이다. 개별적인 영혼을 통해 우리는 보편적인 영혼, 즉 신에게 직접 다가갈 수 있다.

이런 이유로 그는 이렇게 결론을 내린다.

"신은 외부가 아니라 우리 안에서 찾아야 한다."

종교 기관이나 종교적 권위는 기껏해야 신성한 것과 개인적으로 교감할 수 있도록 표지판 역할을 할 뿐이다. 심지어 종교는 최악의 경우에 우리가 각자 내면의 빛을 찾거나 따르는 데 걸림돌이 되기도 한다.

에머슨의 관점에서 보면 '잃어버린 영혼' 같은 것은 없다. 영혼에 접속하는 법을 잊어버린 사람들만 있을 뿐이다. 영혼에 접속하는 법은 재발견할 수 있고 내면을 들여다봄으로써 키워낼 수 있다.

여행에서 돌아온 에머슨은 보스턴 외곽에 있는 콩코드라는 작은 마을에 자리를 잡았다. 그는 평생을 살게 될 이곳에서 강연이라는 새로운 일을 시작했다. 유럽과 영국에서 배운 것을 바탕으로 의욕 넘치는 청중에게 과학, 철학, 문화에 대해 강연했다.

또한 파리에서 얻은 깨달음에서 영감을 받아 책

을 한 권 쓰기 시작했다. 찰스 다윈이『종의 기원』을 펴
내기 20년도 더 전에 에머슨은 생명체를 가장 단순한
형태에서 가장 복잡한 형태로 진화하는 하나의 태피
스트리로 이해했다. 그는 이 관점을 첫 번째 책『자연』
(1836)에 짧은 문구로 요약해 실었다.

> 무수한 고리들의 미묘한 사슬은
> 끝없이 이어진다.
> 눈은 가닿을 곳을 예감하고
> 장미는 모든 언어를 말한다.
> 그리고 인간이 되려고 애쓰는 벌레는
> 모든 나선형의 탑을 기어 올라간다.

다윈과 달리 에머슨은 자연을 정신이 구현된 것
으로 보았다. 보편적인 영혼은 근본적이고 영원한 진실
이며, 끊임없이 변하는 물리적 형태를 통해 물질과 시
간의 영역에서 스스로를 표현한다.

새롭게 변한 삶에 따랐지만 그는 여전히 설교가
의 마음을 지니고 있었다. 하지만 성경을 출발점으로

영혼이 이끄는 삶

삼는 대신 모든 자연과 인간의 문화 속에 드러난 '신성
한 말'을 분명히 보여주었다.

1833년 9월 에머슨이 리버풀을 떠나 보스턴으로
출발한 때로 돌아가보자.

그는 낮에는 갑판 위를 걸어 다니며 망망대해를
바라보았는데 그 바다는 에머슨에게 오버소울을 상징
하는 것처럼 보였다. 밤이 되면 통찰하고 탐구한 것을
일기에 기록했다. 유럽과 영국의 예술과 사상에 푹 빠
져서 10개월을 보낸 끝에 그는 자신만의 신념을 설파할
준비가 되었다.

승선 직후인 1833년 9월 8일 자로 시작하는 일기
에서 에머슨은 '종교 제일주의자들의 오류'에 대해 상
세히 설명했다. 에머슨에 따르면 그들은 전통과 권위,
그리고 어떤 신학적 권위자의 신조에도 집착한다. 또한
간접적인 계시에 의존하며, 신성함과 직접 연결되는 영
혼은 무시하고 조롱한다.

그러고 나서 에머슨은 자신의 새로운 사상을 설
명했는데, 그의 주장에 따르면 이는 인류의 가장 오래

된 유산 중 일부다. 그는 간결한 문장으로 일곱 가지 핵심 원칙을 펼쳐놓았는데, 풀이하면 다음과 같다.

1. 자신을 믿어라
인생에서 성장을 위해 필요하고 길잡이가 되어줄 모든 것은 이미 내 안에 존재한다.

2. 뿌린 대로 거둔다
나의 생각과 행동이 나의 성품을 형성하며, 성품이 나의 운명을 결정한다.

3. 누구도 나를 해칠 수 없다
상황과 사건 그 자체보다 중요한 건 내가 그것에 대응하는 방식이다.

4. 나와 세계 사이에는 경계가 없다
나를 둘러싼 세계는 내 안의 세계가 투영되어 나타난 것이다.

영혼이 이끄는 삶

5. 무한한 자신을 발견하라

나의 정체성을 영혼의 중심에 놓으면 삶의 목적이 펼쳐질 것이다.

6. 현재를 살아라

지금 이 순간이 내가 가진 힘의 핵심이다. 영원함은 바로 지금이다.

7. 신은 내 안에 있다

최고의 계시는 영혼의 신성함이다.

이 원칙들은 에머슨이 가장 어두운 시절을 통과할 수 있도록 이끌었고, 삶의 마지막 순간까지 그에게 지속적인 길잡이가 되어주었다. 그의 철학을 간단히 요약한 이 원칙들 속에 에머슨이 한평생 이룩한 업적의 시금석이 들어 있다.

나는 고등학교 때 에머슨을 처음 알게 되었고 대학에서 그에 대해 공부했다. 하지만 에머슨과 개인적인 연대감이 깊어지게 된 것은 2008년, 그의 책『자연』일러스트 에디션을 편집하고 디자인하게 되면서였다.

　그 당시 나는 30대 초반이었는데 에머슨과 비슷한 인생의 변화를 겪는 중이었다. 나는 이혼으로 첫 번째 아내를 잃었고, 평생 간직해온 전통적인 종교 신념을 버렸다. 그리고 기독교 잡지와 출판사에 에세이를 기고하고 책을 쓰는 일을 그만두었다. 사실 모두 지난 10년 동안 나에게 경제적 버팀목이 된 일이었다. 에머슨이 나와 같은 시련에 직면했었다는 사실을 떠올리니 그와 특별한 연대감을 느낄 수 있었고, 그의 삶과 글을 돌아보면서 위로와 희망을 발견했다.

　더불어 그와 가장 가까운 친구였던 헨리 데이비드 소로와 나와의 관련성을 알게 되자 나와 에머슨과의 연결 고리가 하나 더 생겼다. 내가 속한 토로드 가문과 헨리 데이비드 소로의 소로 가문은 둘 다 건지섬(영국과 프랑스 사이의 채널제도 섬 중 하나)에 기원을 두고 있으며, 스펠링이 분리될 때까지 같은 성 '소롤드 Thorold'를 공유하기도 했다. 비록 먼 친척일지라도 나는 헨리 데이비드 소로가 사촌이라고 주장하면서 행복해

했다.

매일 아침 에머슨의 글을 조금씩 읽는 것은 불안정한 내 마음을 진정시켜주었다. 그 시기에 나에게 특별한 도움을 준 다른 책은 에픽테토스의 『엥케이리디온』, 마르쿠스 아우렐리우스의 『명상록』, 노자의 『도덕경』, 조지프 캠벨의 『블리스로 가는 길』 등이었다.

나는 동시대의 언어로 이 역작들을 풀이하여 책으로 펴냈다. 『엥케이리디온』, 『명상록』, 『도덕경』에 이어 가장 최근에 한 작업은 에머슨의 강연을 선별한 『매일 만나는 에머슨Everyday Emerson』이다.

이 책 『영혼이 이끄는 삶』은 에머슨이 1833년 9월 8일에 쓴 일기 첫머리에서 파생되었다. (원문은 부록에 실었다.) 나는 그의 에세이, 강연, 설교, 일기 등을 자료로 삼아 에머슨의 원칙에 살을 붙인 후 여러 챕터로 나누었다. 나의 언어로 다시 쓴 것이지만 근본 사상은 에머슨의 것이다.

그리고 에머슨의 생각을 보충해주는 여러 글을 인용했다. 에머슨에게 영향을 준 스토아철학자인 에픽테토스와 마르쿠스 아우렐리우스의 경구도 포함했다. 그리고 노자와 석가모니, 고대 인도 현인인 바시스타와 경전인 『우파니샤드』도 인용했는데, 에머슨이 동양의 종교와 철학을 공부한 최초의 미국인 중 한 명이기 때문이다. 헨리 데이비드 소로, 그리고 에머슨의 헌신적인 추종자이자 미국 미술공예운동의 지지자였던 엘버트 허버드도 인용했다. 신화와 세계의 종교를 연구한 20세기의 위대한 학자 조지프 캠벨의 글도 실었다.

나는 일생에 걸쳐 나 자신의 육체적인 면과 정신적인 면을 동일시하고 그 두 가지를 발전시키려고 노력해왔다. (내가 젊은 시절 믿었던 종교 또한 대부분 정신의 문제를 다루었고, 나는 올바른 교리에 지적으로 동의하기 위해 애를 썼다.) 하지만 지난 2년 동안에는 다른 모든 것의 기초로서 영성에 가치를 두게 되었고 영혼과의 접점을 키우는 데 집중했다.

영성은 말하고 논쟁할 수 있는 것을 초월한다. 나는 영혼이 존재한다는 것을 납득시키려 하지 않을 것이다. 그것은 당신 자신을 위해 직접 경험해야만 한다.

이 책은 지도일 뿐이며 지도는 영토가 아니다. 내면으로의 여행, 즉 영혼에 접속하고 확고한 구심점을 따라 살아가는 것은 오직 당신만이 할 수 있다.

1. 영혼의 광대함

영혼은 이미 우리가 가야 할 길을 알고 있다.

마음은 보고 듣고 가려내고 저울질하고 결정한다. 그런데 더 높은 곳에서 마음이 하는 일을 지켜보는 무언가가 우리 내면에 존재한다. 바로 영혼이다. 영혼은 우리가 만들어낼 수 있는 탁월함과 진실의 가장 높은 개념이다. 하나의 영혼을 알게 되면 우리는 모든 영혼이 어떨지 상상할 수 있고 이를 통해 신, 즉 보편적인 영혼에 닿을 수 있다.

-엘버트 허버드

많은 사람이 영혼을 믿는다고 주장하지만 영혼의 광대함을 제대로 이해하는 사람은 거의 없다.

영혼은 팔이나 다리처럼 당신이 소유하고 있는 것이 아니다. 오히려 영혼이 당신을 소유하고 있다고 하는 편이 좀 더 정확하다.

영혼은 당신 존재의 가장 근본적인 밑바탕이다. 영혼은 심장이나 뇌 같은 장기가 아니라 장기에 활력을 불어넣는 힘이다.

영혼은 기억, 계산, 비교 같은 기능이 아니라 이 기능들을 활용하는 지성이다. 영혼은 사고력이나 의지력 같은 능력이 아니라, 당신이 허락한다면 당신의 능력을 이끌어주는 빛이 된다.

모든 죄는 영혼과 불화하여 생각하고 행동하는 데서 나온다. 그리고 모든 선함은 당신을 통하여 영혼이 스스로를 드러내도록 허용하는 데서 나온다.

영혼은 모든 사람을 위하여 빛난다. 인류에게는 모든 사람이 시공간을 초월하여 공유하는 보편적 지혜라는 것이 있다. 어리고 배우지 못한 사람도 가장 나이 많고 가장 많이 배운 사람과 똑같이 지혜에 접근할 수 있다.

　당신은 스스로 알고 있는 것보다 현명하다. 당신 안에는 이용해주기를 기다리는 통찰의 저장고가 존재한다. 영혼의 광대함에 눈을 뜨면 그것이 당신의 길을 밝게 비춰줄 것이다.

　　하늘 위에서, 그리고 이 세상 위에서 반짝이는 빛,
　　그리고 그 너머에 아무도 없는 가장 높은 세계에서
　　반짝이는 빛, 그것이 바로 당신의 마음속에서 빛나
　　는 불빛이다.

　　　　　　　　　　　　　　　　　　　　 -『우파니샤드』

　종교를 따르는 것과 영혼에 따라 사는 것 사이에는 엄청난 차이가 있다. 교회 지도자와 오래된 글, 여러 권위를 인생의 길잡이로 삼는 사람은 자신의 내면에 얼마나 깊고 믿을 만한 원천이 존재하는지 깨닫지 못한다. 영혼의 도덕적인 나침반을 참고하는 대신 그들은 대대로 전해 내려오는 규칙과 규제에 집착하는데, 이것들은 항상 미완성이고 불완전하기 마련이다.

어떤 종교가 옳은 규칙을 가졌는지 사람들이 논쟁하는 동안, 존재하는 모든 것을 관장하는 우주의 무한한 법칙은 아무도 모르게 조용히 일하고 있다. 하지만 모든 것을 존재하게 하고 성장하게 이끌어주는 이 힘은 무시당하거나 우리 인간이 직면하는 질문들과 관계가 없는 것으로 여겨진다.

우리는 우주의 자녀들이 아닌가? 우리는 길잡이도 없이 혼자 버려졌는가?

이 무한한 법칙은 우리 각자 안에서 숨을 쉬고 있다. 이것은 생명 그 자체다. 내면으로 시선을 돌리고 영혼에 접속하기만 하면 당신은 이것에 바로 연결될 수 있다.

중국 철학에서는 무한한 법칙을 '도道'라고 부른다. 노자가 설명한 것처럼 도는 언뜻 보고 이해할 수는 있지만 완전히 파악할 수는 없다. 우리는 그것에 이름을 붙일 수도 있다. 하지만 단지 이름에 불과한 것과 그것이 나타내는 실재를 혼동하면 안 된다.

이해할 수 있는 도는

영혼이 이끄는 삶

영원한 우주의 도가 아니다.

말로 표현할 수 있는 생각이

무한한 관념이 아닌 것처럼.

형언할 수 없는 이 도는

스스로를 표현하는,

모든 정신과 물질의 원천이다.

이것은 모든 창조된 것의 어머니다.

-노자

우리는 아름답고 선하고 진실된 것을 직감적으로 알아차린다. 우리 내면의 나침반은 실패 없이 북쪽을 정확히 가리킨다.

자연, 예술, 그리고 다른 사람들 속에 있는 아름다움과 선함, 진실에 우리가 이끌리는 이유는 이 특성들이 영혼에 속한 것이기 때문이다. 이것들은 당신이 외부 세계에서 발견하기 전에 이미 당신 내면에 존재하고 있었다. 당신이 영혼에 접속할 수 있다면, 당신은 이 특성들을 자연스럽게 추구하고 삶 속에서 드러내게 될 것이다.

겉으로 드러나는 모습에 잠시 속을 수도 있지만, 결국 진실되고 선한 것만이 아름답다고 마땅히 인정받는다.

아름다움, 진실, 선함은 궁극적으로 하나이고 똑같은 것이다. 이것들은 '모든 것'의 여러 가지 측면이다.

> 아름다움이 가식에 불과할 때
> 그것은 사실 추함이다.
> 진실하지 않은 선함이
> 진정한 선함이 아닌 것처럼.
>
> —노자

세계의 종교들은 각기 다른 시공간에서 우주의 무한한 법칙을 이야기와 의식 속에 요약해 넣고자 한 인류의 시도를 보여준다. 각 종파는 제각기 이 법칙의 단편적인 부분만을 쥐고 있다. 하지만 진정한 선지자나 교사의 손안에서는 파벌주의가 사라지고 진실이 자신의 모든 아름다움에 앞서서 빛난다.

여러 종교가 교리를 두고 갈등하면서도 모든 종

교의 위대한 성인이 근본적으로 같은 것을 말하는 이유도 이 때문이다. 그들은 하나같이 사랑, 친절, 용기, 절제, 정의, 근면, 인내, 자비, 겸손 같은 덕목을 강조한다.

우리가 위대한 교사나 신적인 존재의 말이 진실을 좌지우지한다고 생각한다면 진실의 힘을 약하게 만드는 것이다. 가장 깊은 진실은 자명하고 당당히 홀로 서 있으며 자신을 받쳐줄 논거가 필요 없다.

진실은 그것을 말한 교사 때문에 칭찬할 가치가 있는 것이 아니다. 오히려 말을 통해 우리가 가슴 깊이 진실하다고 알고 있는 것들을 떠올리도록 해준 교사들이 칭찬받을 만하다.

이치에 맞기만 하다면 어린이의 발언은 받아들여진다. 하지만 이치에 맞지 않는다면, 이 세상을 창조한 브라마[2]의 발언이라도 지푸라기 조각처럼 거부당한다.

-바시스타

2. 자신을 믿어라

삶에서 성장을 이끌고 길잡이가 되어줄 모든 것은
이미 내 안에 존재한다.

자신의 잠재성을 실현하는 것보다 중요한 것은 없다. 이때 비로소 우리는 초월성을 가리키는 투명한 표지판과 신호가 되고, 이로써 우리는 자신만의 개인적 신화를 발견하고 그에 따라 살게 된다.

-조지프 캠벨

　우리는 성숙해지면서 이 세상의 특정한 틈새를 메우게 된다. 이 과정을 이끄는 것이 영혼이다. 영혼은 우리의 본성과 성품, 재능을 통해 나타난다. 영혼은 강제할 수 없고, 우리가 자신만의 흥미와 능력을 자유롭게 추구할 때에만 제대로 작동한다.

교육의 목적은 아이들이 각자의 타고난 천재성을 펼치는 데 방해가 되는 모든 장애물을 제거하는 것이다. 교육은 영혼을 끄집어내는 과정이다.

그러나 안타깝게도 실제로는 이런 사례가 매우 드물다. 어린 학생들은 자신만의 세계를 자유롭게 창조하는 대신 이미 세상에 존재하는 직업과 제도 속으로 내몰리고, 그 결과 엄청난 에너지와 진정성이 소실되고 만다.

나는 어느 누구도 나와 같은 목적으로 내 삶의 방식을 채택하길 바라지 않는다. 각자 자신만의 길을 세심하게 발견하고 추구하기를 바란다.

-헨리 데이비드 소로

좋든 나쁘든, 부유하든 가난하든 우리 자신의 몫을 택해야 할 때가 온다. 더 똑똑해 보이고 더 나아 보이고 더 재능 있어 보이는 타인을 부러워하는 것은 아무

소용이 없다. 자신만의 정원을 가꾸는 데 집중해야 한다. 처음에는 초라한 계획처럼 보일지 모르지만, 애정을 담아 노력하면 풍부한 수확을 거둘 수 있다.

내가 잘하는 것, 좋아하는 것이 무엇인지 발견해 보자. 온 마음을 다할 수 없는 일은 아예 하지 말자. 진정으로 마음과 영혼을 쏟아부을 수 있는 천직을 찾아야 한다.

일이 영적인 삶에 장애물이 된다고 생각하는 사람이 많다. 그들은 영성이 우리의 일상적인 활동과는 분리된 무엇이라고 여긴다. 하지만 영혼의 목소리를 듣고 그 부름에 따른다면, 일은 우리가 기술을 연마하고 개성을 강화하며 지혜를 얻을 수 있는 기회가 된다.

가장 어두운 순간에도, 우리는 길이 없는 모험의 숲에 들어가야 한다. 길이 있다면 다른 사람의 길이다. 인간은 모두 고유한 존재다. '더없는 행복bliss'으로 가는 자신만의 길을 찾아야 한다.

-조지프 캠벨

영혼은 우리 각자에게 적절한 길을 가리키는 나침반을 장착해준다. 이것은 도덕의 관점에서는 '양심'이고 지성의 관점에서는 '천재성'이며 직업의 관점에서는 '재능'이다.

내적인 부름에 따르고 나에게만 들리는 속삭임에 귀를 기울여야 한다. 그리고 영감받은 일을 해야 한다. 열정 없이는 어떤 위대함도 이루어낼 수 없다는 것을 기억하자.

행복은 일 자체에서 만족을 찾아내는 예술가이자 노동자다. 성공적인 삶을 살고 있는가? 이 질문에 대한 답을 얻기 위해서는 언론 보도나 은행 계좌가 아닌 일 자체만을 바라보아야 한다.

자신의 직업을 사랑하고 일 자체를 위한 기술을 갈고닦는다면, 결국 당신이 하는 일이 인정받고 알려질 것이다. 진정성이 핵심이다. 당신의 온 존재를 일에 쏟아부어라. 그러면 당신의 일은 빛을 발할 것이다.

자기 신뢰는 성공을 향한 첫 번째 열쇠다. 두 번째 열쇠는 에너지의 집중이며, 세 번째 열쇠는 긍정적이고 미래를 지향하는 태도다.

영혼이 이끄는 삶

긍정성은 창조적이고 부정성은 파괴적이다. 좋아하지 않는 것을 저주하고 그것과 싸우는 데 시간과 에너지를 쓰는 대신, 좋아하는 것을 찬양하고 추구하는데 집중하라.

자연은 전진하기를 선호한다. 가만히 서 있으려고 하는 것들은 흐름에 휩쓸려가거나 부서진다. 성공하기를 바란다면 진화의 파도에 저항하지 말고 그 위에 올라타야 한다.

거대한 나무는 작은 씨앗으로부터 시작된다.
9층 탑도 작은 벽돌로부터 시작된다.
천 리 길의 여정도 한 걸음으로부터 시작된다.

-노자

당신은 이렇게 생각할지도 모른다.

'자기 신뢰는 똑똑하고 독창적인 사람들에게나 맞는 것이죠. 우리 같은 보통 사람은 명령에 따르고 안전하게 행동하는 게 나아요.'

그러나 사실 우리는 각자 자신만의 천재성을 지

닌 고유한 존재다. 우주의 무한하고 창조적인 지성이 유일무이하게 표현해낸 것이 바로 당신이다. 자신 안에 있는 힘을 알지 못한다면, 단지 그 힘을 발휘하기 시작하지 않았기 때문이다.

명상을 하고 마음속 양심의 목소리에 귀를 기울여라. 그리고 어떤 것에 대한 확신이 생기면, 생각하고 말하고 그에 따라 행동하라. 이것이 세상 속에서 자신만의 길을 만드는 방법이다.

자기 신뢰는 결코 자아를 부풀리고 이기적으로 행동하고 다른 사람을 해치는 것이 아니다. 자신만의 길로 이끌어줄 영혼을 믿는 것이다.

당신이 꿈꾸는 방향으로 자신 있게 전진하고 상상하는 삶을 살기 위해 노력한다면, 일상 속에서 예상치 못한 성공을 만나게 될 것이다.

-헨리 데이비드 소로

귀스타브 쿠르베, 「안녕하십니까, 쿠르베 씨」, 1854년.

3. 뿌린 대로 거둔다

나의 생각과 행동이 나의 성품을 형성하며,
성품이 나의 운명을 결정한다.

우리는 죄 때문에 벌을 받는 것이 아니라 벌을 받아서 죄를 짓는다.

-앨버트 허버드

흔히 이 세상에는 정의가 없다고들 여긴다. 선이 고통받는 동안 악이 번성하는 것처럼 보인다. 정의를 이뤄낸다고 하더라도 다음 생에서나 가능할 것 같다.

그런데 영혼의 관점에서 보면 전 우주를 통틀어 모든 일에는 완벽한 정의가 존재한다. 조용하지만 분명하게, 모든 죄는 처벌받고 모든 선은 보상받는다.

모든 행동은 두 가지 상반된 반응, 즉 내적 반응과 외적 반응을 가져온다. 내적 반응은 사람의 기질에 따른 것이며 즉각적으로 일어난다. 외적 반응은 외부 세계에 보이도록 드러나는 것이며 최종적으로 나타난다. 외적 반응이 효과를 나타내려면 몇 년이 걸릴 수도 있지만, 원인과 결과의 법칙은 절대 무너지지 않는다.

미덕에 대한 진정한 보상과 악에 대한 처벌은 우리 안에 숨어 있다. 내적인 반응이 제일 먼저 일어나고, 부 혹은 파산, 칭찬 혹은 비난 같은 외적인 반응은 그다음으로 나타난다.

무언가 선한 행동을 할 때 가장 큰 수혜자는 바로 자기 자신이다. 어려운 사람에게 베풀 때 우리의 마음은 관대함으로 풍요로워진다. 식욕을 억제할 때 우리는 자기 통제력을 키울 수 있다.

당신에게 잘못한 사람을 용서하면 그 사람의 마음이 정화되고 정신이 자유로워질까? 아니다. 그를 용서하면 내 마음의 괴로움이 정화되고 나의 분개한 정신이 자유로워진다.

반대의 경우도 마찬가지다. 무언가 잘못을 하면 자신에게 해를 끼치게 된다. 누군가를 속이면 자신을 속이는 것이다. 누군가를 비방하면 자신의 이름을 더럽히게 된다. 도움이 필요한 사람을 돕지 않으면 자신의 마음이 움츠러든다.

남의 것을 훔치는 사람은 자신을 가난하게 하고
남에게 베푸는 사람은 자신을 부유하게 한다.
싸우는 사람은 이기지 못하고
이기는 사람은 싸우지 않는다.
이것이 도道의 방식이다.

-노자

모든 생각과 말과 행동은 누적되어 당신의 성품을 형성한다. 영혼의 경제학에서는 아무것도 그냥 사라지지 않는다. 선한 행동을 하는 순간 인격이 성장하는 보상을 얻는다. 마찬가지로 잘못을 하는 순간 인격이 타락하는 단죄를 당한다.

뿌린 대로 거둔다. 이것이 도덕률의 기초다.

이 원리는 사회에까지 확장된다. 우리는 자신과 비슷한 사람과 어울린다. 도덕적인 사람은 도덕적인 사람을 끌어모으고 사악한 사람은 사악한 사람을 끌어모은다. 우리가 사는 이 세상에서는, 자신의 선택이 축적된 결과로 천국에 오르거나 지옥에 떨어지게 된다.

> 당신의 삶은 마음에 따라 만들어진다.
> 당신의 모습은 생각하는 대로 변한다.
> 쟁기가 황소를 따라가듯
> 고통은 악한 생각을 따라간다.
> 그림자가 붙어서 떠나지 않듯
> 기쁨은 순수한 생각을 따라간다.
>
> ―석가모니

장 프랑수아 밀레, 「씨 뿌리는 사람」, 1865년.

4. 누구도 나를 해칠 수 없다

상황과 사건 그 자체보다 중요한 건
내가 그것에 대응하는 방식이다.

절뚝임은 당신의 다리를 공격할 수 있지만 의지를 꺾지는 못한다. 아픔은 당신의 몸을 약하게 할 수 있지만 결의를 망가뜨리지는 못한다. 당신이 허락하지 않는 한, 어떤 것도 마음의 평화를 빼앗아 가지 못한다.

장애물이 나타날 때마다 이 진리를 스스로 상기시키자. 외부의 사건이 당신의 가장 깊은 본질을 건드릴 수 없음을 알게 되면 어떤 상황도 당신에게 유리한 것으로 이용할 수 있다. 운명을 믿고 자신을 믿어라.

-에픽테토스

당신의 자유의지가 지닌 힘을 결코 과소평가해서는 안 된다. 당신은 자신이 매일 짓고 창조한 세계 안에서 산다.

생각이 행동에 영감을 주고 행동은 습관을 만들며 습관은 당신의 삶을 형성한다. 유쾌하거나 불평이 가득한 태도는 미소 또는 찡그린 표정 속에 나타나며, 이를 오래 간직하면 얼굴에 새겨진다.

성품의 문제를 이야기해보자면, 모든 것이 인과관계로 이루어진다. 운과 상황은 성품과 관련이 없다.

당신의 주요 사고 패턴을 바꾸면 외부의 삶에도 변화가 찾아온다. 새로운 사고방식과 어울리는 상황, 배경, 친구를 만나게 되는 것이다.

환경은 중립적이다. 대응하는 방식에 따라 이로울 수도 해로울 수도 있다. 빈곤, 전쟁, 질병 등으로 가장 가혹한 환경에 놓인 사람도 힘과 우아함으로 영혼이 빛나는 경우를 우리는 그동안 많이 보았다.

삶에 책임감을 가지면 삶을 바꿀 힘을 얻게 된다. 인내심을 가지고 모든 상황에 만족하라. 그러면 흔들리지 않는 평화가 찾아올 것이다.

> 나 자신이 아닌 어느 누구도 나를 다치게 할 수 없다. 나로 하여금 선한 것을 버리고 악한 것을 취하도록 할 수 있는 사람은 아무도 없기 때문이다.
>
> ─마르쿠스 아우렐리우스

외부의 어떤 것도 우리를 해칠 수 없다면, 어째서 우리는 모두 질병과 재난, 죽음에 취약할까? 그 어떤 선도 우리를 이런 사건들로부터 지켜줄 순 없지 않은가?

답을 하자면 이 사건들은 우리의 외부적인 면, 영구적이지 않으며 항상 변하는 측면에만 영향을 주기 때문이다. 이것들은 영혼을 건드리지 못한다.

사실, 명백히 유해해 보이는 것일지라도 우리를 배움과 성장으로 이끈다면 악으로 가장한 축복이라고 할 수 있다. 반면 유리한 점을 쿠션 삼아 의지하면 우리는 오히려 잠들어버린다. 우리가 발전의 동기를 얻는 것은 궁지에 몰리거나 도전을 받았을 때, 혹은 심지어 패배했을 때다.

정직의 결여, 관대함의 결여, 자기통제의 결여 등은 삶에서 진정한 재난이며, 인격을 낮추고 영혼과의 접속을 방해한다. 오직 자신만이 이 가치들을 끄집어낼 수 있다.

그것들은 나를 죽일 수 있지만 나를 해치지는 못한다.

-소크라테스

장 밥티스트 카미유 코로, 「풍경 습작」, 1865년.

5. 나와 세계 사이에는 경계가 없다

나를 둘러싼 세계는 내 안의 세계가 투영되어 나타난 것이다.

나무에서 혀를 찾고 흐르는 개울에서 책을 찾고
　　돌 속에서 설교를 찾고 모든 사물에서 선한 것을
찾아라.

-셰익스피어

　　자연은 영혼을 비추는 거울이다. 우리의 내부 세
계와 외부 세계, 영혼과 우리 눈으로 볼 수 있는 모든 것
사이에는 직접적인 연관성이 있다.

　　영적인 개념을 자연적 사실들로 표현하는 언어를

보면 이 연관성이 잘 나타나 있다. 언어에서 지식은 빛으로, 무지는 어둠으로, 낭만적 사랑은 꽃으로, 영감은 불꽃으로 표현된다. 고귀한 사람은 사자, 교활한 사람은 여우, 결백한 사람은 양, 어리석은 사람은 당나귀, 단호한 사람은 바위에 비유된다. 심장, 뇌, 내장은 각각 우리의 감정, 생각, 본능을 나타낸다.

이런 비유는 몇몇 시인이 상상한 것이 아니라 문화를 초월하여 공통적으로 나타난다. 인간 언어의 기원을 따라 과거로 거슬러 올라가면 언어는 점점 그림에 가까워지고 마침내 모두 그림이 된다.

국경을 초월한 속담들은 진리를 생생하게 표현하기 위해 자연의 이미지를 활용한다. "일찍 일어나는 새가 벌레를 잡는다." "구르는 돌에는 이끼가 끼지 않는다." "해가 비치는 동안 건초를 만들어라." "깃털이 같은 새들끼리 함께 모인다." "마지막 지푸라기가 낙타의 등을 부러뜨린다."

마찬가지로 물리학의 이치도 영적인 진리와 관련이 있다. "모든 작용에는 똑같은 힘의 반작용이 있다." "전체는 부분의 합보다 크다." "정지해 있는 물체는 힘

영혼이 이끄는 삶

이 가해지기 전까지 그대로 정지해 있다." "가장 가벼운 것도 지렛대를 사용하면 가장 무거운 것을 들어올릴 수 있다." 이 명제들은 무생물에 적용되는 것만큼이나 우리 삶에도 그대로 적용된다.

자연의 모든 것은 영적이고 도덕적이고 정신적인 것의 상징으로 읽어낼 수 있다. 농장은 고요한 성서와도 같다. 밀과 쭉정이, 태양과 비, 꿀벌과 메뚜기, 봄과 수확 등 모든 것이 성스러운 상징이다. "뿌린 대로 거둔다." 들판은 이를 분명히 보여준다.

우리를 둘러싼 세계를 탐구함으로써 우리는 자신이 누구인지 배울 수 있다. 새로운 경험을 하고 새로운 사실을 배우는 것은 우리의 정신적, 영적 지평을 넓혀준다. 자연에 대해 더 많이 연구할수록 우리는 자신을 더 잘 이해하게 된다.

과학적 발견은 만물이 존재하도록, 그리고 우리 안에 살도록 이끈 우주의 무한한 법칙에 새로운 빛을 비춘다. 과학을 두려워하는 종교가 있다면 진리를 추구한다는 스스로의 사명을 박탈하는 것이고 그럼으로써 신의 명예를 더럽히는 것이다.

시간과 공간의 법칙은 우리 안에 있다. 우리는 그 법칙을 머릿속에 넣고 다닌다. 우리가 볼 수 있고 알 수 있는 모든 것은 어디에서든 이 법칙과 관련이 있다. 우주는 무엇인가? 우주 공간이다. 우주 공간 안에서 응고된 물질이 성운이 되었고 성운에서 수백만 개의 은하계가 탄생했다. 은하계의 한 성좌 안에 태양이 있고 우리의 작은 행성은 태양 주위를 돈다. 이 지구에서 우리가 나왔다. 눈과 의식, 귀와 호흡을 가진 생명 그 자체로. 우리는 지구의 자녀들이고, 지구는 우주에서 나왔기 때문에 우주의 법칙이 우리 안에 있다는 것은 전혀 놀랄 일이 아니다. 내부 세계와 외부 세계 사이에는 경이로운 공통점이 있다.

-조지프 캠벨

물리적 세계는 이원성의 영역이다. 북쪽과 남쪽, 뜨거움과 차가움, 어둠과 밝음, 강함과 약함, 선과 악, 진실과 거짓, 추함과 아름다움. 각각의 성질은 반대의 것에 기대고 있다. 하나가 없다면 다른 하나를 제대로 이해할 수 없다.

영혼이 이끄는 삶

태풍과 고요, 밀물과 썰물이 번갈아 오는 우리 삶의 바다 저 밑에는 순수한 존재의 불가해한 심연이 자리하고 있다. 이것이 바로 영혼이다. 영혼에는 한계가 없고 균형을 잡아주는 축도 없다. 영혼은 모든 범주를 초월하고 모든 반대의 것을 집어삼킨다. 영혼은 단순히 그렇다.

자연의 모든 것이 이 하나의 원천에서 나온다.

독립된 존재가 수없이 많은 물리적 세계에서 불균등은 필연적이다. 측정할 수 있는 어떤 것에 대해서라면 어떤 사람이 더 많이 갖고 다른 사람은 적게 가질 수밖에 없다.

하지만 영혼의 관점에서 바라볼 때 이 불균등은 무조건적인 사랑이라는 바다 안에 녹아버린다. 네 것과 내 것의 구분이 사라진다. 우리는 모두 하나다.

예수는 이 관점에서 이런 말을 남겼다.

"나는 아버지 안에 있고 아버지는 내 안에 있다. 너는 내 안에 있고 나는 네 안에 있다."

우주의 의식은 언제나 홀로 존재한다. 자신 안에

서 비춰진 그 의식이 창조로 나타난다.

-바시스타

우주의 광대함 때문에 자신이 하찮은 존재로 느껴지는가? 현미경은 너무 작아서 평범한, 자연의 일부를 찾아낸다. 우주의 각 부분 안에는 우주 전체가 담겨 있다.

당신을 포함한 자연 속의 모든 존재는 자연의 모든 힘을 지닌다. 당신은 지구상의 모든 동식물이 포함된 가족에 속해 있다.

이 모든 것은 살아 있는 첫 번째 세포에서 진화했으며 조직과 성장을 만드는 동일한 법칙을 따른다. 그리고 같은 생명력에 의해 생기를 얻는다. 우주를 존재하게 한 것과 같은 힘이 모든 입자 안에 담겨 있다. 이것이 신성한 편재, 즉 신은 어디에나 존재한다는 것의 진정한 의미다.

모든 것을 아우르는 존재가 있다.
이것은 지구 또는 우주 이전부터 있었다.

영혼이 이끄는 삶

고요하고 실체가 없는,

탁월하고 변하지 않는 존재.

모든 피조물은 이것으로부터 나오고

이것으로 되돌아간다.

이것은 세상의 어머니.

이것을 정의할 수는 없지만 '도道'라고 부르겠다.

인류는 지구의 자녀고

지구는 우주의 자녀,

우주는 '도'의 자녀다.

'도'는 어머니가 없지만

자신이 모든 것의 어머니다.

-노자

6. 무한한 자신을 발견하라

나의 정체성을 영혼의 중심에 놓으면
삶의 목적이 펼쳐질 것이다.

무한한 자기 자신이 홀로 존재하는 실제라는 것
을 납득하면 슬픔을 극복할 수 있다.

-바시스타

당신은 누구인가? 이 질문을 받으면 우리는 이름,
나이, 가족, 국적, 종교, 성격, 직업, 수입, 성취, 취미, 좋아
하는 것과 싫어하는 것 등의 복합체로 자신을 소개하는
경우가 많다.

이러한 요소들은 우리가 '가진' 것이다. 하지만 '누

가' 이것들을 가지고 있는가? 당신은 진짜로 누구인가?

'자신'이라는 단어는 두 가지 의미를 지닌다. 하나는 제한된 자신, 다른 하나는 무한한 자신이다. 자신을 특정한 속성이 있고 성취를 이룬 육체적 존재로 인식한다면, 당신은 제한적이고 단편적인 자신만을 이해하는 것이다. 하지만 자신을 물리적인 몸 안에 영혼이 구현된 정신적인 존재로 인식한다면, 당신은 무한한 자신, 즉 온전한 자신을 이해하게 된다.

대부분의 사람은 자기 자신에 대해 너무 가끔씩만 생각한다. 이 사실은 놀라울 수 있는데, 물질적인 사고방식을 지닌 사람들은 흔히들 자신에 대해 너무 많이 생각한다고 말하기 때문이다. 하지만 진실은 정반대다. 그들은 자신의 몸, 옷, 돈, 소유물, 지위 등 자기 자신을 '제외한' 모든 것을 생각하는 것이다.

무한한 자신에 대해 너무 많이 생각한다는 것은 불가능하다.

당신이 주로 제한적인 자신을 인식한다면 당신의 행복은 끊임없이 변하는 육체적, 정신적, 물질적 상태에 좌지우지될 것이다.

하지만 당신은 당신의 육체가 아니다. 당신의 정신도 아니다. 육체와 정신을 '가진' 영혼이 진짜 당신이다. 당신의 정체성을 이 무한한 자신의 중심에 놓으면, 당신은 오래가는 평화와 기쁨을 발견할 것이다. 영혼의 관점에서 인생의 폭풍을 바라보면 그것에 휩쓸리거나 제압되지 않는다.

당신의 특성과 능력은 당신이 지닌 것이며, 당신을 정의하지 못한다. 하지만 이 세상에서 자신의 영혼을 표현하는 수단으로 그것들을 사용할 때 당신은 잠재력의 최대치에 도달할 것이다.

이것이 바로 영혼이 이끄는 삶이다.

방 안의 전등을 떠올려보자. 빛과 전구 중에 무엇이 중요한가? 전구는 빛을 내는 수단일 뿐이다.

당신은 결국 무엇으로 자신을 인식하는가? 육체인가, 아니면 의식인가?

의식으로 자신을 인식했다면 육체는 부차적인 것이 된다. 그렇다면 당신은 이 깨달음을 얻게 해준 육체에 감사하고 육체를 사랑할 준비가 된 것이지만,

육체는 어디까지나 수단일 뿐이다.

태어나지도 않았고 죽지도 않을 그것, 즉 의식이
당신의 육체를 통해 구현됐고, 그건 다른 사람의 육
체에서도 마찬가지다. 이렇게 마음과 공감에 눈을
뜨면 타인과의 관계가 싸움에서 발견으로 바뀐다.

-조지프 캠벨

영혼에 접속하는 길을 구축하라. 영혼의 불가해한
깊이, 그리고 그것과 근원과의 결합에 대해 명상하라.

당신의 영혼은 보편적 영혼의 한 부분이다. 보편
적 영혼은 고요하고 온전하며 완벽하다. 또한 보편적
영혼은 빛의 끝없는 바다이며, 우리의 영혼은 파도처럼
그 위로 솟아오른다.

우리는 모두 이 보편적인 영혼의 일부고 이것은
어떤 사람의 생애나 표현보다도 훨씬 위대하다. 셰익스
피어의 연극과 미켈란젤로의 조각처럼 장대한 작품들
도 자신에게 영감을 준 거대한 영혼의 바다가 지닌 아
름다움과 지혜를 극히 일부분만 보여줄 뿐이다.

영혼이 이끄는 삶

만약 당신이 지금 닥친 일에 집중하고 방해가 되는 것은 모두 제거하며 변함없는 투지로 이성을 따른다면, 당신 안의 신성한 불꽃이 활활 타는 불길로 터져 나올 것이다.

이 내면의 빛을 잘 보살피고 순수하게 간직하라. 그리고 당신의 시간이 다했을 때 그것을 근원으로 되돌려줄 준비를 하라.

아무것도 기대하지 말고 아무것도 두려워하지 말며, 진실되게 말하고 영웅답게 행동하라. 아무도 당신을 막을 수 없다.

-마르쿠스 아우렐리우스

삶의 목적은 무엇인가?

계속 살아가다 보면, 당신의 삶 자체가 고유한 대답이 될 것이다. 삶은 상형문자로 된 이야기이며 뒤늦은 깨달음으로만 이해할 수 있는 것이다. 이해하기 전에 행동이 먼저 온다.

영혼이 이끄는 삶은 당신의 진실에 따라 생각하고 말하고 행동하는 삶을 의미한다.

영혼에 접속하고 그것이 당신의 말과 행동을 통해 빛나도록 허락한다면, 당신은 온전히 그리고 진정한 자기 자신이 될 것이다.

영혼으로부터 나오는 말을 하면, 당신의 목소리는 개울의 속삭임이나 옥수수의 바스락거림처럼 진정성을 갖게 될 것이다. 또한 영혼으로부터 우러나오는 행동을 하면, 당신의 행동은 당신의 신념과 일치를 이룰 것이다.

당신의 육체와 정신이 영혼을 위해 일하게 하라. 그러면 당신은 이 세상을 사는 목적을 달성할 것이다.

자신을 육체와 동일시하는 사람에게 육체는 고통의 근원이다. 하지만 깨달음을 얻은 사람에게 육체는 지혜의 수단이며 무한한 기쁨의 원천이다.

-바시스타

영혼이 이끄는 삶

에드바르 뭉크, 「니체의 초상화」, 1906년.

7. 현재를 살아라

지금 이 순간이 내가 가진 힘의 핵심이다.
영원함은 바로 지금이다.

지금 이 순간이 우리가 가진 모든 시간이다. 가장 긴 삶과 가장 짧은 삶이 이 지점으로 함께 수렴된다. 얼마나 많은 세월이 우리 앞뒤에 펼쳐져 있든 현재의 이 순간은 여전히 그대로다.

-마르쿠스 아우렐리우스

어제를 곱씹고 내일을 걱정해서 좋을 것이 무엇인가? 마음이 불안해지고 신경이 날카로워지고 배가 뒤틀리고 우울해질 뿐이다.

걱정을 없애려면 지금 이 순간으로 관심을 돌려야 한다.

과거는 기억일 뿐이며 미래는 꿈일 뿐이다. 당신이 생각하고 느끼고 행동할 수 있는 시간은 오직 지금 이 순간이다. 지금 이 순간이 삶과의 접속이고 힘의 핵심이다.

지금 앞에 놓인 일에 집중하라. 당신의 임무, 탁월함. 신경 써야 할 유일한 것이 그곳에 있다.

지금 이 순간 몸이 아프거나 마음이 고통스럽더라도 당신의 영혼은 평화를 유지하고 있음을 기억하라. 자신을 영혼과 동일시하면 두려움은 사라진다.

죽음조차도 영혼에게는 아무것도 아니다. 당신이 마지막 순간까지 가치 있는 생각과 행동의 끈을 놓지 않는다면, 당신은 전투의 화염 속에서도 상처를 느끼지 않는 군인처럼 죽을 것이다.

당신의 세속적인 존재는 일시적이지만, 영혼이 이끄는 대로 산다면 지금 이 순간에도 영원을 경험할 것이다.

영원은 미래도 과거도 아니다. 영원은 현재에 있다. 영원은 영속적인 인간 정신의 차원이다. 우리 내면에서 영원한 차원을 찾으면 시간을 초월하는 삶을 살 수 있다.

-조지프 캠벨

천국은 어디에 있을까? 별보다 한참 위에 있을까? 아니다. 천국은 매우 가까이에 있다.

종교의 언어에서 '위에' 있다는 것은 실제로는 우리 '안에' 있다는 것의 은유적 표현이다.

어디든 사랑이 있는 곳이라면 그곳이 천국이다. 진실, 아름다움, 정의, 자비, 희망이 있는 곳이라면 그곳이 바로 천국이다.

이 미덕들은 시간이나 죽음과 관계가 없으며 영원불멸하다. 이것들을 가슴속에서 정성 들여 키우고 행동으로 옮기기에 이르면, 당신은 천국에 있는 것이다. 바로 여기에서 바로 지금.

신은 결국 지금 이 순간에 도달하며, 모든 시간의

흐름 속에서 지금보다 더 신성해질 수는 없다.

-헨리 데이비드 소로

이 삶 너머에서 우리를 기다리고 있는 것은 알 수 없는 신비다. 하지만 오늘을 잘 사는 것이 내일을 준비하는 최선의 방법인 것처럼, 이 삶을 잘 사는 것이 다음에 올 삶을 대비하는 최선의 방법이다.

영혼이 이끄는 대로 따르고 사랑, 웃음, 의미 있는 노동으로 하루하루를 채워라. 선하고 도덕적인 삶을 사는 이유는 처벌을 피하거나 내세에서 보상을 얻기 위한 것이 아니다. 잘 사는 것은 그 자체로 이유가 된다. 미덕은 그 자체로 보상이다.

언젠가 당신의 물리적 육체는 죽을 것이다. 당신의 결함과 결점도 사라질 것이다. 하지만 당신 안의 사랑과 진실, 선함은 결코 죽지 않는다.

당신의 육체와 정신, 특성과 소유물 등 당신에 대한 모든 것은, 영혼에 속한 것을 제외하면 결국 변하거나 썩어 없어진다. 그러므로 사랑과 진실과 선함의 능력 안에 당신의 정체성을 붙잡아두어라. 당신을 이루는

　　　　　　　　　　　　　　　영혼이 이끄는 삶

것 중 필멸의 부분이 상대적으로 보잘것없어질 때까지,
당신의 영혼이 점점 더 밝게 빛나기를 바란다.

신이 당신 안에 사는 한, 당신은 불멸의 존재다.

이 삶에서 대다수의 사람이 중요시하고 추구하는
것은 모두 사라져간다. 그들이 분투하고 획득하고
싸우는 모든 것은 서로 쫓고 쫓는 개들처럼 무의미
하다. 그렇다면 오래가는 가치는 무엇일까? 선함, 충
실함, 정의, 그리고 진실이다.

-마르쿠스 아우렐리우스

8. 신은 내 안에 있다

최고의 계시는 영혼의 신성함이다.

누구의 명령으로 마음이 생각하고 몸이 움직이는
가? 누가 혀를 말하도록 하는가? 눈에게 색깔을 만
들게 하고 귀에게 듣도록 하는 눈부신 존재는 누구
란 말인가? '참나the Self'가 바로 귀의 귀이고 눈의 눈
이며 마음의 마음이고 말의 말이다. 감각과 마음으
로 이뤄진 잘못된 정체성을 버리고, 진정한 참나를
알 때 우리는 비로소 신성해진다.

-『우파니샤드』

필멸의 자신보다 더 높고 더 좋은 무언가가 당신 안에 있다. 이것은 권위를 가지고 진실을 말하며, 당신을 절대로 잘못된 길로 인도하지 않는다. 몸을 아무리 심하게 다쳐도 영혼은 해를 입지 않는다. 이것의 원리는 자연의 법칙과 일치를 이룬다. 그리고 이것은 당신뿐 아니라 우리 모두에게 있다.

영혼은 당신 안에 있는 신의 존재다. 예수가 이렇게 말한 신성한 문이다.

"두드려라. 열릴 것이다. 구하라. 찾을 것이다."

이것은 천국으로 가는 문이며 지금 여기서 영원을 경험하도록 당신을 초대한다.

영혼을 잃는다면 온 세상을 얻는 것이 무슨 소용인가?

-예수

예수는 인류의 진정한 예언자 중 한 사람이었다. 영혼의 아름다움에 이끌려서 그는 영혼의 신비를 열린 눈으로 바라보았다. 그는 영혼과 조화를 이룬 삶을 살

영혼이 이끄는 삶

앉고 자신의 정체성을 영혼의 깊이에 두었다.

예수는 "신의 왕국이 네 안에 있다"라고 말했는데 이는 곧 영혼을 표현한 것이다. 그가 이 세상에 살았던 이래로 2천 년 동안 기독교는 전 세계 곳곳으로 퍼져나갔다. 하지만 그가 남긴 메시지의 핵심, 즉 영혼의 신성함은 제대로 전달되지 못했다.

기독교인들은 예수를 신의 유일한 현현으로 숭배한다. 하지만 예수가 가르쳤듯이 신성한 영혼은 우리 모두에게 있으며 아무도 편애하지 않는다.

예수라는 사람을 그의 메시지보다 높은 곳에 올림으로써 그가 전한 메시지는 사라져버렸다. 그리스도를 지옥불로 위협하며 통치하는 왕으로 묘사함으로써 기독교는 인류의 친구를 폭군으로 만들어버렸다.

예수는 신과 인류를 이어주는 중재자이며 그가 짚어주는 진리를 우리는 실행에 옮긴다. "이웃을 네 몸과 같이 사랑하라." "원수를 사랑하라." "남을 심판하지 않아야, 너희도 심판받지 않을 것이다." "용서하라, 너희도 용서받을 것이다." "남이 너희에게 해주기를 바라는 그대로 너희도 남에게 해주어라." "내일을 걱정하지 말

라. 내일 걱정은 내일이 할 것이다."

예수의 말과 그의 인생 이야기가 당신 안에 있는 신성한 영혼을 깨닫게 해주고 삶을 변화시키도록 영감을 준다면, 예수는 당신이 스스로 구원하도록 도움으로써 당신을 구원한 것이다.

예수가 "나는 전부이다"라고 말한 것은 "나는 나 자신과 모든 것을 동일시한다"라는 의미다. 토마스 복음서에서 예수는 "막대기를 쪼개보아라. 그곳에 내가 있을 것이다. 돌을 들어보아라. 그곳에 내가 있다"라고 말했는데 이는 그의 물리적 육체를 뜻하는 것이 아니라 그가 진짜로 누구인지 또 당신은 누구인지를 말해준다. 물론 그는 "천국의 왕국은 너희 안에 있다"라고도 말한다. 누가 천국에 있는가? 신이다. 신은 어디에 있는가? 당신 안에 있다.

-조지프 캠벨

영혼이 말할 때 오래된 것들은 사라진다. 글자와 사원은 무너진다.

신은 오랜 과거에 저 먼 땅의 사람들에게 말했던 것처럼 오늘 우리에게 우리의 언어로 말을 건다.

영혼은 어떤 관습이나 제도, 책과는 별개로 무엇이 진실인지 알아본다. 우리가 믿는 종교는 간접적인 통찰력의 보고다. 종교는 영감을 얻는 데 도움을 주지만 신성한 영혼과의 직접적인 교감을 종교로 대신하게 되면 오히려 해롭다.

독실하게 믿는 사람에게 이 관점은 위험하고 혁명적으로 보일지도 모른다. 하지만 실제로 영혼의 진실은 가장 오래된 계시다.

예언자에게 말한 것은
아직 부서지지 않은 탁자 위에 쓰여 있고
현자나 무녀가 말한 것은
떡갈나무 숲이나 황금 사원에 남아
아직도 아침 바람을 타고 떠돌고
아직도 열렬한 마음에게 속삭인다.

　　　　　　　　　　　　　　-랄프 왈도 에머슨

신은 밖이 아니라 우리 안에서 발견할 수 있다. 이 것이 예수와 시대를 초월한 신비주의자들의 공통된 메시지다.

자신의 밖에서 신을 찾는 한 결코 평화에 도달할 수 없다. 하지만 자신을 들여다보고 내 안에 신이 있으며 신 안에 내가 있다는 것을 알게 되면, 이해를 넘어서는 평화를 얻게 될 것이다.

자기 자신을 생각하고 느껴라. 다른 사람을 사랑하고 도와라. 당신의 삶을 신성한 영혼이 담긴 투명한 그릇으로 만들어라. 지금은 비록 그 영혼이 존재한다는 것을 겨우 알 정도로만 언뜻 봤을 뿐이라도 괜찮다.

보편적인 영혼은 모든 진리를 아우르고 모든 것을 안다. 보편적인 영혼의 사랑은 경계가 없기 때문에, 그것의 힘도 경계가 없다.

윌리엄 블레이크, 「패배-로스의 노래 삽화」, 1795년.

2부

마음의 법칙

에머슨이 발견한 마음의 과학

마음은 우리가 알고 있는 최고의 사실이고

물질의 지휘관이며

물질을 존재하게 하는 생명과 질서다.

-랄프 왈도 에머슨

강연자 겸 에세이스트로 일하기 시작한 초기에 랄프 왈도 에머슨은 '지성의 자연사'를 쓰겠다는 목표를 세웠다. 그는 이것이 필생의 과제이자 최고의 포부, 가장 큰 도전이라고 믿었다.

여기서 '자연사'란 과학을 의미한다. 자연사는 고유한 환경 속에 놓인 유기체와 대상을 가까이에서 직접적으로 관찰하며 연구하는 학문이다. 그리고 '지성'이란 마음을 뜻한다. 따라서 에머슨의 목표는 '마음의 과학'을 탐구하고 자세히 설명하는 것이었다.

그는 이것이 불가능한 과업이라고 한탄했는데, 마음은 감각으로 관찰하거나 과학적 도구로 조사할 수 없는 것이기 때문이었다. 우리가 인지하는 모든 것은 마음을 통해서 오지만, 마음 그 자체를 인지할 수는 없다. 에머슨은 그 결실만을 관찰할 수 있었고, 그것으로부터 '마음'이라고 부르는 이 근원적인 것이 무엇인지 추론하고자 했다.

에머슨은 자신의 마음이 어떻게 작용하는지 철저하게 관찰하기 시작했다. 대학생 시절부터 그는 자신의 생각, 아이디어, 기억을 상세하게 일기에 기록했다. 성숙한 나이가 되었을 때는 이 방대한 일기를 주제별로 나누어 색인을 만들기까지 했다. 이것은 그의 개인적인 보물 창고가 되었다. 그 안에서 에머슨은 거친 보석을 찾아내 광택을 낸 다음 강연, 에세이, 시로 만들었다.

영혼이 이끄는 삶

에머슨은 또한 역사와 자연 속에서 마음이 어떻게 작용하는지 연구했다. 에머슨에게 역사란 시간을 초월한 인류의 생각을 기록한 것이었다. 그는 자연의 모든 것은 생각의 영역에서 필연적 결과를 갖고 있다고 믿었다.

매사추세츠주 콩코드에 있는 고향에서부터 시작하여 에머슨은 미국과 영국, 그리고 유럽 대륙을 여행하는 동안 '시대의 영혼'을 찾아다녔다. 새로운 발명, 새로운 산업, 떠오르는 정치 동향, 종교, 사회적 관행 등 모든 것이 그에게는 마음이 실행되어 나타난 결과였다.

무엇을 연구하고 어디에 가든, 에머슨은 과거의 표면적 외양을 관찰하여 그것의 정신적 동기, 마음속의 근본 원인을 발견하고자 했다.

마음의 작용을 분류하고 집대성하고자 한 에머슨의 끊임없는 노력은 심리학의 새로운 분야를 수립하는 데 도움을 주었다. 미국 최초의 심리학자로 자주 지칭되는 윌리엄 제임스(1842~1910)는 사실 에머슨의 대자였고 에머슨에게서 깊은 영향을 받았다.

그리스어 '프시케psyche'는 영혼, 즉 우리의 본질을 나타낸다. 에머슨이나 제임스와 같은 진정한 심리학자는 우리가 내면 가장 깊은 곳에 있는 자신과 단절되었다고 느낄 때 의미와 목적의 감각을 되찾도록 도와준다. 20세기에 카를 융은 이 방면의 모범으로 두각을 나타냈으며, 『죽음의 수용소에서』를 쓴 홀로코스트 생존자 빅터 프랭클도 마찬가지다.

하지만 불행하게도 대부분의 심리학자는 지그문트 프로이트를 따라 정신 건강보다는 정신 질환과 장애에 더 큰 관심을 보였다. 그러다가 1990년대에 '긍정심리학'을 제시한 새로운 학파가 떠올랐다. 이를 창시한 마틴 셀리그먼과 미하이 칙센트미하이는 "긍정심리학은 긍정적인 주관적 경험, 긍정적인 개인적 특성, 긍정적인 관습의 과학이며, 삶의 질 향상을 약속하고, 삶이 척박하고 무의미하다고 느낄 때 나타나는 병적인 측면을 방지해준다"라고 묘사했다.

에머슨은 자신이 시작한 연구가 이렇게 발전된 모습을 보았다면 틀림없이 기뻐했을 것이다.

에머슨은 그의 철학인 초월주의를 플라톤의 관념

론이 보강된 형태라고 설명했다. 두 철학 모두 마음이 최고의 가치를 지닌다고 강조한다. 이는 중요한 것은 세상에 존재하는 모든 사물이라고 믿는 물질주의와 상반되는 개념이다.

에머슨의 시대에 물질주의는 지성인들 사이에서 널리 인정받고 있었다. 마음에 대한 영향력 있는 모델은 존 로크의 '백지 상태*tabula rasa*'이론이었는데, 사람의 마음은 텅 빈 백지 상태로 태어나고, 물리적 세계에서 상호작용하며 감각으로 얻은 정보가 백지 위에 기록된다는 것이다. 이 이론에 따르면 마음 안에 새겨진 모든 것은 감각적 경험으로부터 온다.

그런데 에머슨은 이와 대조적으로, 우리는 모든 생각과 발상의 원천인 초월적이고 보편적인 정신에 연결된 채로 태어난다고 주장했다. 이 세상에는 우리가 직관적으로 이해할 수 있는 개념, 영감의 순간에 우리를 붙잡아두는 발상이 존재하며, 이것은 감각적 경험 너머에서 온다는 것이다. 생각의 영역은 우리의 개별적인 육체와 뇌를 초월하며, 그렇기 때문에 이 이론을 '초월주의'라고 명명한다고 했다.

19세기 후반부터 20세기에 걸쳐서 물질주의는 과학자와 학자들 사이에서 지배적인 철학으로 자리 잡았다. 지금은 마음이 우리 뇌 속에서 이루어지는 전기화학작용의 부산물에 불과하다는 생각이 널리 퍼져 있다. 우리의 생각은 뉴런(뇌세포)이 점화하고 연결선을 형성한 결과다. 그리고 정신 활동이 우리의 개별적인 뇌에 한정되어 있기 때문에 사람들의 마음은 서로 완벽히 분리되어 있다.

제임스 왓슨, 모리스 윌킨스와 공동으로 DNA의 구조를 발견한 분자생물학자 프랜시스 크릭은 다음과 같이 요약했다.

> 당신, 당신의 기쁨과 슬픔, 당신의 기억과 야망, 당신의 개인적 정체성과 자유의지의 감각은 사실 신경세포와 그것들의 갖가지 분자가 모인 방대한 집합체의 활동에 지나지 않는다. 당신은 뉴런 꾸러미일 뿐이다.

우리의 마음을 뇌세포의 무작위적이고 목적 없고

무의식적인 활동으로 축소시킬 수 있다면, 자기 자신과 의미, 목적, 자유의지에 대한 우리의 직관적이고 본능적인 감각, 즉 우리의 인간성을 정의하는 바로 그 감각은 모두 환상에 불과하다. 심지어 우리 존재를 자각하는 의식마저도 환상이라고 주장하는 사람들도 있다.

크릭을 포함한 물질주의자들은 자신들의 생각이 진리라고 왜 그렇게 자신할까? 물질주의는 사람의 생각이 현실과 관계가 있다고 가정할 어떤 근거도 주지 않는다.

에머슨이 살았던 시기는 현대 뇌과학이 등장한 때보다 훨씬 더 옛날이긴 하지만, 초월주의는 물질주의보다 마음에 대해 훨씬 더 설득력 있는 시각을 내놓았던 것 같다.

초월주의의 관점에서 우리 뇌는 마음의 특정한 주파수에 접속하게 해주며, 마음을 창조하는 것은 아니다. 뉴런의 점화는 생각과 연관성이 있긴 하지만 생각을 일으키지는 않는다.* 뇌는 마치 라디오 수신기처럼 멀리서 오는 보이지 않는 전파 방송을 포착하는 역할을 한다.

또 다른 비유도 가능하다. 뇌는 컴퓨터와 같아서 전선과 회로 너머의 어떤 지적인 존재가 설계하고 작동시키지 않는다면 아무것도 하지 못한다.

이 개념은 뇌를 평가절하하는 것이 아니다. 뇌는 값을 매길 수 없는 귀중한 장비이기 때문에 잘 보살펴야 한다는 것이다. 컴퓨터와 마찬가지로 뇌는 손상과 노화에 매우 취약하여, 생각을 수신하고 처리하고 표현하는 능력이 약해질 수 있다.

지난 수십 년간 기술이 기하급수적으로 발전한 것처럼, 인간의 뇌는 복잡성과 능력 면에서 수십만 년 전보다 엄청난 도약을 했다.

하지만 뇌를 라디오나 컴퓨터와 같은 것으로 착각하면 안 된다. 우리 뇌는 외부의 기술자가 설계하고 만들고 계획하는 불변의 기계장치가 아니다. 뇌는 살아 숨 쉬고 진화하고 스스로 조직하고 지적이며 의식이 있

• 우리가 새로운 생각을 선택하고 반복함으로써 새로운 신경 경로를 만들어낼 수 있고 뇌의 물리적 구조를 실제로 바꿀 수 있다는 것이 최근 실험으로 밝혀졌다. 신경가소성은 자유의지, 그리고 대상에 대해 마음이 갖는 지배력을 강력하게 긍정하도록 해준다.

는 우주, 즉 우리가 속한 우주의 유기적 부분이다.

생물학자 루퍼트 셸드레이크는 자신의 책 『해방하는 과학Science Set Free』(2012)에서 마음과 자연에 대한 물질주의적 시각에 반기를 든다. 그는 마음이 뇌에 한정되어 있지 않다는 흥미로운 과학적 증거를 제시한다. 그에 따르면 기억은 뉴런에 저장되어 있지 않다. 우리의 선택은 생화학에 의해 미리 결정된 것이 아니다. 그리고 텔레파시 같은 초자연적 현상은 가끔 실제로 일어난다.

이와 같은 인식이 담긴 또 하나의 중요한 책은 래리 도시의 『원 마인드』(2013)이다. 그는 10대 때 음료수가게에서 에머슨의 책들을 우연히 발견하고 우리는 모두 하나의 마음을 공유한다는 개념을 접하게 되었다. 하지만 의사로서 경험과 조사를 통해 그것을 확신하기까지 그는 의심을 놓지 않았다. 셸드레이크, 도시, 그리고 또 다른 학자들(브루스 립튼, 딘 라딘, 베르나르도 카스트럽, 디팩 초프라, 에벤 알렉산더, 린 맥태거트)의 주장은 과학적으로 틀렸음이 입증되지 않았지만, 물질주의 사상으로부터 즉각 거부당했다.

그런데 과학의 역사에는 조롱받고 무시당하고 공격받던 새로운 이론이 결국에는 받아들여진 사례가 아주 많다. 물질에 대한 마음의 초월성에 대해 말해보자면, 또 다른 인식 체계의 대전환이 진행 중일지도 모른다. 물질주의와 초월주의 사이의 논쟁은 학문적인 것에 그치지 않으며, 많은 사람이 여전히 이에 대해 관심을 갖고 있다.

여러 철학들은 이 논쟁에 따른 결과물을 보여준다. 어떤 사람은 마음이 뇌의 부산물이며 자신의 생각과 선택, 행동이 무의미한 우주의 목적 없는 힘에 의해 결정된다고 믿는다. 반면 우리가 보편적인 마음을 통해 타인과 연결되어 있고 각자의 생각과 선택, 행동에 책임이 있으며 우리의 삶은 의미와 목적을 지닌다고 생각하는 사람도 있다. 이 두 사람은 생각하고 느끼고 행동하는 방식이 다를 것이다. (물론 자신이 머리로 믿는 것과 삶의 태도가 동떨어진 사람도 많다. 자칭 물질주의자가 공익을 대변하는 친절하고 너그러운 사람일 때도 있고, 영혼을 믿는 사람이 자신의 물질적 기쁨과 안락을 위해 타인에게 해를 끼치기도 한다.)

에머슨의 철학에는 세계와 그 안에 있는 자신의 자리를 바라보는 우리의 시각을 바꿔주는 힘이 있다. 이것은 심지어 당신의 삶까지 바꿀지도 모른다.

영혼에 대한 에머슨의 가르침에서 정수를 뽑아낸 것이 이 책의 1부라면, 2부에는 마음을 주제로 한 에머슨의 가장 중요한 가르침을 담았다.

마음과 영혼은 물리적 현실로 우리가 경험하는 것을 통해 스스로를 표현하는, 광대하고 막연한 근원을 묘사하는 말이다. 물론 마음과 영혼을 분리하는 것은 불가능하지만, 영혼이 마음을 포함한 모든 것을 아우른다고 말할 수 있다.

개인적인 단계에서 우리의 영혼은 마음보다 훨씬 거대하다. 보편적인 단계에서는 영혼과 마음이 모두 무한하다. 이것이 바로 에머슨이 '보편적인 마음'과 '보편적인 영혼(또는 오버소울)'이라는 용어를 호환하며 쓴 이유다.

개인으로서 우리는 삶의 정신적 측면과 영적인

측면을 대략적으로 구분할 수 있다. 즉 1부 '영혼의 법칙'이 영적인 측면에 주목한다면, 2부 '마음의 법칙'은 정신적 측면에 주목한다. 아무래도 2부가 1부보다 복잡하고 지적일 수밖에 없지만, 이어서 읽어나가다 보면 이해하는 데 어려움이 없을 것이다.

에머슨의 방식은 순환적이어서, 다른 단어와 사례를 사용하면서도 계속 같은 생각으로 돌아오기를 반복한다. 그의 강연과 에세이 대부분은 한 가지 주제, 즉 우리는 모두 하나의 보편적인 마음이나 영혼에서 나왔다는 개념을 여러 가지로 변주한 것이다. 하나의 큰 주제 안에서 다양한 하위 주제들이 되풀이된다. 이 방식은 우리가 내용을 이해하고 마음속에 새기는 데 도움을 주기 때문에, 나는 이 책에서 반복되는 것들을 삭제하지 않기로 했다. 또한, 1부와 마찬가지로 에머슨의 통찰에 공명을 일으키고 이를 확장하는 학자들의 경구를 사이사이에 넣었다.

에머슨의 사상을 풀이한 이 책들을 쓰게 된 데는 개인적인 동기가 있다. 내가 가장 좋아하는 저자의 책을 읽으며 그의 신념을 차분히 생각하고 어려운 구절을

영혼이 이끄는 삶

이리저리 고민해보며 나만의 방식대로 바꾸어 쓰는 것, 하루를 시작하는 방법으로 이보다 좋은 것은 없었다. 더할 나위 없이 즐겁고 만족스러운 작업이었다.

에머슨은 우리가 더 잘 생각하도록, 그리고 더 좋은 것을 생각하도록 독려한다. 그의 생각을 읽고 명상함으로써 우리는 이 두 가지를 모두 달성할 수 있다.

에머슨의 철학을 정리한 이 책이 부디 당신이 마음을 열도록 영감을 주고, 새로운 힘과 가능성을 보여주며, 당신의 일상을 풍부하게 해주기를 희망한다.

9. 보편적인 마음

마음이 가장 훌륭한 선생이다.

마음은 단지 겉으로만 여러 개로 보일 뿐이다. 사
실 세상에는 하나의 마음밖에 없다.

-에르빈 슈뢰딩거(물리학자)

저 깊은 곳에 있는 인류의 의식은 하나다.

-데이비드 봄(물리학자)

인류 전체가 공통으로 갖고 있는 하나의 마음이
있다. 이 보편적인 마음은 광대한 바다이며, 당신을 포함한 모든 사람의 마음은 그 안에 있는 작은 물줄기다.

마음을 통해 당신은 이미 이루어진, 이루어지고 있는, 또 이루어질 수 있는 모든 것과 연결된다. 소크라테스가 했던 생각을 당신도 똑같이 할 수 있고, 성 프란치스코가 느낀 그대로 당신도 느낄 수 있다. 다른 사람들이 맞닥뜨렸던 두려움과 분투를 당신도 만나고 공감할 수 있다.

우리는 같은 마음이 모든 시대, 장소, 인종에서 똑같이 작용하는 것을 본다. 로마의 극작가 테렌스는 이렇게 말했다. "나는 인간이므로 인간의 모든 것을 이해할 수 있다."

모든 행동의 조상은 생각이다. 모든 혁명은 한 사람의 마음에서 나온 발상으로 시작된다. 같은 생각이 다른 사람들에게서도 나타나면, 혹은 그들이 그 생각을 듣거나 받아들이면, 비로소 가속도가 붙는다. 민주주의, 자유, 시민권 등의 발상이 충분한 힘을 얻으면 결국 시대 전체를 정의할 수 있게 된다.

역사는 오랜 시간에 걸쳐 인류의 마음을 기록한 것이다. 이집트, 그리스, 로마, 중국, 인도 등 모든 문명과

영혼이 이끄는 삶

문화는 마음이 작용한 결과이며, 각각의 공간과 시간에서 특정한 사람들을 통해 표현된다.

역사를 쓴 마음과 같은 마음이 그 역사를 읽는다. 과거는 절대로 과거가 아니다. 플라톤이 흥분했던 생각으로 당신도 흥분할 때, 뉴턴이 경외했던 법칙을 당신도 경외할 때, 사포에게 감동을 준 아름다움에 당신도 감동할 때, 시간은 무의미해진다.

이런 하나의 마음은 값을 매길 수 없는 우리의 유산이다. 그 모든 혜택을 얻기 위해 그것을 손에 넣고, 무한한 지평을 탐구하고, 그 힘을 지혜롭게 발휘하는 것은 당신에게 달려 있다.

다른 모든 마음과 일치됨을 느끼면 새로워진 의미, 목적, 가능성, 그리고 모든 것이 신성하다는 감각을 얻을 수 있다.

-래리 도시

마음의 과학보다 더 가치 있는 과학은 없다. 마음의 윤곽을 그리고 마음의 경계를 표시하고 마음의 습관을 묘사하고 마음의 자연적인 역사를 쓸 수만 있다면 얼마나 좋을까? 하지만 과연 누가 그 보이지 않는 본질을 조사할 수 있단 말인가?

마음은 해부를 잘 견딘다. 우리는 마음의 다양한 힘을 묘사할 수 있지만 그것을 구분하지는 못한다. 지각, 이성, 상상력, 본능, 기억, 계산, 의지 등 여러 요소가 뒤섞인다.

마음은 보는 눈, 듣는 귀 같은 감각기관이 아니다. 마음은 생각하고 이해하는 일을 하는 주체이면서도, 생각되고 이해된 모든 것 그 자체이기도 하다. 그래서 여전히 규정하기 힘들고 신비롭다.

마음은 무엇인가? 당신이 지금까지 알고 보고 느낀 모든 것, 지금까지 당신에게 의미를 지녔던 모든 것이 마음을 통해 이루어졌다. 이 모든 것을 인식하는 바로 그것이 마음이다.

―베르나르도 카스트럽(컴퓨터 과학자, 철학자)

감각적 정보와 감정은 우리의 정신적 풍경 일부

를 형성한다. 하지만 마음은 그것을 넘어 멀리 뻗어나
간다.

어떤 사람들은 자신의 육체적 감각만을 믿는다.
보고 듣고 만지고 맛보고 냄새 맡을 수 없다면 존재하
지 않는 것으로 간주한다. 그들은 직감, 상상, 추상적인
생각을 불신한다. 하지만 마음의 추상적이고 해석적인
능력이 없다면 우리의 감각이 제공하는 모든 정보는 무
의미한 잡동사니일 뿐이다.

우리의 감각으로는 모든 것이 분리되어 있는 별
개의 사물로 보인다. 하지만 표면을 꿰뚫고 벽을 넘고
서로 연결시키고 조직하고 개념화하고 수많은 현상에
서 몇 개의 법칙을 뽑아내는 것은, 직관적이고 추상적
인 마음이 하는 일이다. 만질 수 있는 세계를 경험하는
것은 만질 수 없는 마음에 전적으로 달려 있다.

한편 주로 감정을 신뢰하는 사람들도 있다. 그들
은 어떻게 느끼느냐에 따라 대상을 판단한다. 그들은
이성과 논리를 불신한다. 하지만 느낌은 수시로 변하기
때문에 그들이 이리저리 끌려다니지 않고 일직선으로
걷는 것은 불가능하다.

고대 그리스 철학자 헤라클레이토스는 우리의 감정 상태를 눈앞에서 맴돌며 시시각각으로 색깔을 바꾸는 안개에 비유했다. 우리가 개인적으로 무엇을 좋아하고 싫어하고 두려워하는지와 상관없이, 이성은 베일을 걷어내고 본질을 보여준다.

마음의 눈에는 마치 다른 사람을 관찰하는 것처럼, 자신과 자신의 상황으로부터 한 걸음 떨어져서 볼 수 있는 능력이 있다. 이때 목표는 삶의 풍부하고 필수적인 측면인 감정을 제거하는 것이 아니라, 감정으로 인해 판단력과 통제력을 잃지 않도록 주의하는 것이다.

우리의 마음은 경험을 훌쩍 넘어서는 가능성을 받아들일 수 있다. 의식적 마음은 여러 가능성 중에서 선택을 하며, 그 선택은 가능성을 물질세계에서 객관적으로 관찰할 수 있는 행동으로 붕괴시킨다.

-루퍼트 셀드레이크

우리는 모두 약간의 비애에 잠겨 인간의 조건을 바라본다. 파도에 이리저리 밀리는 배처럼 우리는 닥쳐

영혼이 이끄는 삶

오는 일들에 속절없이 휘둘린다. 하지만 일단 폭풍이 지나가고 나면, 생각의 연료인 마음이 그 자리를 차지하고 더 이상 우리를 위협하지 않는다. 우리 삶의 어떤 사실도 숙고의 대상이 될 수 있으며, 그 사실이 교훈이나 진리로 변모할 때 우리는 그것을 불멸의 신처럼 바라본다.

우리는 마음을 강제하거나 마음이 하는 일을 재촉할 수 없다. 우리가 할 수 있는 것은 오직 자기 자신을 활짝 열고 모든 장애물과 방해 요소를 제거하여, 눈앞에 보이는 것을 마음이 볼 수 있게 허락하는 것이다. 생각이 최대한 저절로 흘러가도록 두는 것이 좋다.

우리는 생각이 우리를 이리저리 데려가는 것만큼 생각을 움직이지는 못한다. 생각은 맹렬히 내려와 우리를 덮치고 천상의 영역으로 데리고 올라간다. 그리고 우리의 관심을 완전히 사로잡아 다른 생각을 하지 못하게 만든다. 얼마 후 그 황홀감에서 빠져나오면 우리는 최대한 그 느낌을 기억하고 다른 사람들에게 반복해서 말하려고 한다.

생각은 식물처럼 싹트고 자라고 꽃핀다. 처음에는

직감이 생기고, 그다음에는 의견으로 발전하며, 관찰과 경험을 통해 이것이 잘 자라면 비로소 지식이 된다. 직감을 소중히 여기자. 언젠가는 그것이 성숙해져 진리로 발전할 수 있기 때문이다.

각각의 마음에는 고유한 방식이 있어서, 여러 사실이 축적된 자신만의 창고에서 어떤 것을 뽑아 쓸지 결정한다. 지적인 재능의 개인적 차이는 우리가 가진 공동의 지적 재산에 비하면 하찮은 것이다. 계산원, 요리사, 청소부는 생각이 없고 이야기도 없고 당신에게 놀라움을 주지 않는다고 생각하는가? 다른 사람들이 사는 방식, 생각하는 방식에 호기심을 품고, 특히 정식 교육을 거의 받지 않은 사람들이 지닌 특별함을 눈여겨보아야 한다. 분명히 얻을 것이 있다.

어떤 슬픔도 이야기로 바꾸거나 그에 대해 이야기를 하면 견뎌낼 수 있다.

-카렌 블릭센(소설가)

세상에서 가장 어려운 일은 중요한 질문에 대해

영혼이 이끄는 삶

곰곰이 생각하면서 새로운 발상에 대해서 열린 마음을 갖는 것, 그러면서도 일상의 활동을 계속하는 것이다. 대부분의 시간 동안 우리의 생각은 온갖 사소한 일 사이를 끊임없이 날아다닌다. 우리 마음속이 도서관처럼 조용하고 정돈된 상태라면 얼마나 좋을까?

정신적 활동에는 밀려왔다 밀려 나가고, 들이쉬고 내쉬는 균형이 필요한 것 같다. 당신이 읽고 대화하고 행동하는 동안 당신의 마음은 날것의 재료를 방대하게 받아들인 다음, 잘 손질된 생각을 불규칙한 간격으로 내보낸다. 당신의 마음은 쓰레기로 가득한 어두운 다락방 같다가도 문득 영감이 진실의 램프를 켜는 순간, 그 안에 축적된 사실들이 보물처럼 보인다.

당신은 셰익스피어의 작품에서 매력적인 구절을 듣고 마치 그가 인간 이상의 존재인 것처럼 이렇게 물을지도 모른다.

"어떻게 이런 걸 생각해냈지?"

하지만 사실 당신에게도 셰익스피어처럼 좋은 재료가 가득한 창고가 있다. 단지 그것을 비출 램프와 잘 활용할 기술이 필요할 뿐이다.

만약 당신이 셰익스피어를 만난다면 아마도 둘 사이의 차이점보다는 인간적인 공통점을 발견하고 깜짝 놀랄 것이다. 당신은 셰익스피어를 '비범한 표현 능력이 있는 사람'이라고 생각하겠지만 그보다 자신이 열등하다고 느끼지는 않을 것이다. 오히려 셰익스피어의 위트와 화술이 당신만의 능력을 끄집어내는 데 도움을 줄 것이다.

세상에는 좋은 것도 나쁜 것도 없다. 생각이 그렇게 만들 뿐이다.

-윌리엄 셰익스피어

나는 내 삶을 일에 내던졌다. 나의 하나뿐인 단순한 삶을 책에 쏟아부었다. 정직하게, 아낌없이, 책에 내 모든 것을 전부 쏟았다.

-월트 휘트먼

우리는 모두 현명하며 각자 독특한 천재성을 지니고 있다. 그렇다면 나의 천재성을 어떻게 찾을 수 있

영혼이 이끄는 삶

을까? 내 삶의 여러 사실과 상황을 받아들이고, 마음의 힘으로 그것들을 건설적으로 이용하여 새로운 것들을 만들고 창조하며, 다른 사람들에게 행복감을 주면 된다. 그 과정에서 나의 천재성을 발견할 수 있다.

천재성은 행동하는 지성이며, 이를 위해서는 영감뿐 아니라 표현력이 요구된다.

어떤 생각이 마음속에 들어오더라도 말이나 행동으로 표현하거나 형태를 부여하지 않는다면 아무런 결과물이 나오지 않는다. 아무리 훌륭한 영감이라도 표현할 기술과 열망, 결심이 없다면 사라지고 만다.

영감은 저절로 오는 것이지만 영감을 표현하기 위해서는 통제력과 의지, 판단, 선택이 필요하다. 그것이 없다면 아무것도 만들어지지 않는다.

위대한 예술이 흘러나오는 원천은 한 사람의 경험이나 타인의 작품 모방에 있지 않다. 그러한 원천은 유일한 것도 심지어 주된 것도 아니다. 그 수원지는 훨씬 깊고 풍부하다.

이때 꿈은 단서를 제공한다. 당신은 삶을 구원해주는 사람의 형상은 그릴 수 없겠지만, 잠들어 있는 동안은 정말 대단한 예술가가 된다. 꿈을 꾸는 상태에서 당신은 사람, 여러 피조물, 그리고 경탄과 열망, 슬픔, 공포를 불러일으킬 만큼 실물과 똑같은 무수히 많은 형상으로 캔버스를 채운다.

당신이 꿈속에서 그런 세계를 창조할 수 있다면, 모든 예술과 발명의 원천은 마음속에 있는 것이 분명하다. 당신에게 필요한 것은 오직 그 풍부함을 표현할 기술과 의지뿐이다.

> 당신이 해야 할 일은 누구나 가지고 있는 자신의 천재성을 식별하고 삶에 특별한 기여를 함으로써 그 천재성을 표현하는 것이다.
>
> -팀 프릭(철학자)

공기와 물은 필수적인 것이지만, 두 가지 모두 너무 많이 마시면 아프거나 심지어 죽을 수도 있다. 생각도 필수적이다. 하지만 한 가지 생각에 집착하여 나머지를 무시하는 정도에까지 이르면 진실조차도 거짓으로 왜곡될 수 있다.

생각은 문이 될 수도 있지만 감옥이 될 수도 있다. 자신의 한 가지 생각이 모든 것을 설명해준다고 믿는 종교 광신도, 정치 이론가, 지적 열성분자는 얼마나 지루한가!

어떻게 해야 정신적 근시안을 피할 수 있을까? 과학과 역사를 샅샅이 공부하고 모든 이름과 날짜, 사실을 외워버리면 될까?

절대 그렇지 않다. 이 세상은 단순한 사실들로 축소되기를 거부한다. 건강한 마음은 자연을 통째로 반영하는 하나의 큰 마음이다. 우주는 이해를 넘어서는 광대한 것이지만, 자연은 모든 작용 속에서 축소된 크기로 스스로를 반복한다. 자연의 모든 법칙은 자연의 모든 부분에서 발견된다.

분명 우리는 세상의 모든 것을 각자의 마음속으로 가져올 수 없다. 하지만 모든 것을 감싸고 있는 보편적인 마음의 균형과 비율을 자신에게 투영하기 위해 겸손한 자세로 분투할 순 있다.

당신이 확신했던 모든 것이 맞지 않음을, 그리고

비웃었던 많은 것이 사실임을 깨달을 때까지, 당신
은 삶을 시작한 게 아니다.

-엘버트 허버드

인생의 여러 단계를 거치며 우리는 많은 스승을
통해 발전해나간다. 한동안 한 스승의 발치에 앉아 있
다가 다음 스승에게로 옮겨 간다.

과거와 현재의 모든 스승을 발전의 토대로 받아
들여라. 스승의 말씀을 듣고 그들과 씨름하고 그들이
전해주는 모든 것을 감사히 받은 다음 떠나라. 그들이
당신의 하늘에 고요히 반짝이는 별이 되게 하고, 별빛
을 막는 대신 당신의 태양과 잘 어우러지게 해야 한다.

우리에게 해를 끼치는 두 가지 나쁜 미신이 있다.
하나는 '나는 너보다 현명해'고, 하나는 '너는 나보다 현
명해'다. 사실 주변 사람들을 따라 하는 대신 우리 안에
있는 조종사의 목소리를 듣기만 한다면, 우리는 각자
자신의 보트를 조종하는 데 어려움이 없다. 이미 필요
한 지혜를 갖추고 있기 때문이다. 보편적인 마음에 속
해 있는 동안 우리는 자신만의 부분에 기대야 한다.

영혼이 이끄는 삶

다른 사람들을 독립적인 마음으로 존중하고 자기 자신도 독립적인 마음으로 존중하라. 호머의『오디세이』가 천 년이 넘는 시간 동안 유럽 사람들에게 기쁨을 주었더라도, 그게 만약 당신을 기쁘게 하지 못한다면 무슨 의미가 있을까?

철학도 이와 같은 방식으로 접근해야 한다. 데카르트, 칸트, 스피노자, 흄, 헤겔 등 마음의 이론을 제안한 어떤 철학자라 해도 당신의 의식 안에 있는 것들을 정확히 해석해주는 존재에 불과하다. 그것에 직접적으로 접근할 수 있는 것은 당신 자신뿐이다.

어떤 스승이나 책으로부터도 공감하는 부분만 받아들이고 나머지는 남겨두면 된다. 당신의 마음이 당신에게 가장 훌륭한 스승이다. 마음을 믿어라.

나 자신을 어떻게 생각하느냐에 따라 나의 운명이 결정된다.

-헨리 데이비드 소로

제임스 애벗 맥닐 휘슬러, 「셀세이 빌 해변」, 1865년.

Key Point

1. 모든 인류에게 공통되는 하나의 마음이 있다.

2. 모든 행동의 조상은 생각이다.

3. 역사는 오랜 시간에 걸쳐 사람들의 마음을 기록한 것이다.

4. 우리는 생각이 우리를 이리저리 데려가는 것만큼 생각을 움직이지는 못한다.

5. 당신의 직감을 소중히 하라. 언젠가 그것이 무르익어 진리가 될 수 있기 때문이다.

6. 우리는 모두 현명하고 각자 독특한 천재성을 지니고 있다.

7. 천재성은 행동하는 지성이다.

8. 생각은 문이 될 수도 감옥이 될 수도 있다.

9. 건강한 마음은 자연을 통째로 반영하는 하나의 큰 마음이다.

10. 당신의 마음이 당신에게 가장 훌륭한 스승이다.

10. 생각은 힘이 세다

내가 생각하는 것이 곧 나다.

마음은 자신만의 고유한 장소이며, 지옥에서도 천
국을, 천국에서도 지옥을 만들 수 있다.

-존 밀턴

우리는 과학자들이 설명해주는 인간 육체의 작용,
식물의 비밀스러운 삶, 바위와 산의 기원, 전기와 자성
의 법칙, 자연의 모든 경이로움을 듣는 것에서 즐거움
을 느낀다. 이 사실들은 고요하고 확실하다. 그중에서
다양한 현상들을 포괄하는 가장 넓은 사실을 '법칙'이

라고 부른다.

비슷한 방식을 마음에도 적용하여 마음의 작용과
법칙을 설명해낼 수 있을까? 결국 우리의 마음은 자연
의 일부이면서도 창조의 신비로운 원천에 가까운, 가장
높은 차원의 것이다.

과학적 관점에서 마음을 연구할 때 맞닥뜨리는
독특한 문제점은 마음이 관찰자인 동시에 관찰의 대상
이라는 것이다. 우리가 생각에 관해 생각할 때 지적인
거리두기를 하고 객관성을 유지하기란 불가능하다.

따라서 마음보다 더 철저히 연구할 가치가 있는
대상은 없고, 생각의 법칙과 힘을 설명하는 것보다 더
가치 있는 과학적 기여는 없다.

마음의 기질은 다른 것들처럼 측정되거나 발견되
거나 분석될 수 없다. 마음 자체가 측정하고 발견하
고 분석하는 주체이기 때문이다. 마음은 재료가 아
니라 모든 재료를 상상하는 주체다.

-베르나르도 카스트럽

　　　　　　　　　　　영혼이 이끄는 삶

자연의 일부를 연구하고 마침내 그 뒤에 숨은 법칙을 파악하면 우리는 새로운 힘을 얻게 된다. 가장 좋은 점은, 한 가지 현상에 연관된 법칙은 그것 외에도 다양한 분야를 연구하는 데 도움을 준다는 것이다. 이것이 바로 법칙의 발견이다.

세계의 모든 언어는 하나의 보편적인 말의 방언에 불과하다. 각 부족이 사용하는 상징과 소리는 다르지만 그것들이 뜻하는 바는 같다.

이와 마찬가지로, 사람들이 노력을 기울이는 각 분야에는 자신만의 사실과 규칙이 있으며 다른 모든 분야에서도 유사한 법칙이 발견된다. 예를 들어 요하네스 케플러는 천문학의 법칙이 음악에도 적용된다는 것, 그리고 어떤 대상의 법칙과 균형을 다른 대상으로부터 추론해낼 수도 있다는 것을 보여주었다.

생각의 법칙은 궁극적으로 천문학, 해부학, 대수학, 그리고 다른 모든 연구 분야의 법칙과 유사함이 밝혀질 것이다. 모든 육체적 진실은 정신적 진실의 상징이다. 육체의 세계는 마음이 표현된 것이기 때문이다. (이것은 다음 장에서 더 자세히 다룰 예정이다.)

모든 것을 포함하는 하나의 우주가 있다. 우주를
생기게 하고 지속시키는 하나의 신성한 힘, 모든 자
연현상을 지배하는 한 세트의 법칙들, 살아 있는 모
든 존재가 공유하는 하나의 생명, 그리고 생각하는
모든 사람이 공유하는 하나의 사유.

                                    ─마르쿠스 아우렐리우스

삶에서 정신적인 측면보다 더 필수적인 것은 없
다. 인간의 지위를 동물보다 높여주는 것이 정신 외에
또 무엇이 있단 말인가? 더 깊은 생각으로 한 걸음씩
들어갈수록 우리의 품위가 높아진다.

뿐만 아니라 새로운 통찰과 생각은 짜릿한 즐거
움을 준다. 우리 몸이 좋은 음식을 갈망하듯이 우리 마
음은 좋은 생각을 갈망한다. 우리 중 많은 사람이 어떤
생각에 푹 빠져서 먹는 것도 잊은 경험이 있을 것이다.

파이드로스가 소크라테스의 눈앞에서 희귀한 철
학 필사본을 보여주며 닿을 듯 말 듯한 거리를 유지하
는 장난을 쳤는데, 한 줌의 건초로 노새를 꾀어내듯 소
크라테스를 땅 끝까지 유인할 정도였다고 한다. 좋은

영혼이 이끄는 삶

생각은 이렇게 유혹적이다!

우리 삶에서 가장 소중한 것들은 물질적인 것이 아니라 정신적이고 영적인 것이다. 극장에서 가장 큰 갈채를 받는 장면은 무엇일까? 사랑과 용기를 묘사한 대목이다. 군중을 통합시키고 정치적 차이를 눈 녹듯 없애주는 것은 무엇일까? 바로 정의, 자유, 관대함이 담긴 말이다.

여러 세기에 걸쳐 가장 널리 출판되고 읽힌 책들은 무엇일까? 마음과 영혼을 다루는 신화, 신학, 철학이 담긴 책이다. 이런 주제들은 인종과 계층을 뛰어넘어 모든 사람의 끊임없는 관심을 얻는다.

> 미덕만큼 마음을 기쁘게 하는 것은 없다. 특정한 사람의 삶에 미덕이 구현된 것을 볼 때 더욱 그렇다. 이것이 바로 용기, 희생, 영웅주의가 담긴 이야기가 결코 퇴색되지 않는 이유다.
>
> -마르쿠스 아우렐리우스

인류의 도구, 발명품, 정부, 종교, 예술, 과학은 어디에서 왔을까? 바로 우리 모두가 속해 있는 보편적인 마음에서 왔다.

어떤 나무들은 거의 모든 자양분을 공기로부터 얻는다. 비옥한 흙이 없는 모래언덕에 소나무를 심으면 햇빛과 습기만으로도 잘 자란다. 이와 마찬가지로 인간의 예술과 관습 또한 보이지 않는 생각으로부터 창조되어 나온다.

지성, 영감, 의지는 도시와 문명을 만들어낸다. 정부의 지속적인 체계는 폭력적인 힘이 아닌 서로 공유하는 이상에 바탕을 두고 있다. 산업과 금융, 무역조차도 정신적인 토대를 필요로 한다.

모든 진실은 힘이 된다. 모든 생각은 구상되는 순간부터 물질적인 힘을 모으기 시작하고, 곧 상업과 정치의 영역 안에서 자신을 알린다. 생각은 자기 스스로 가운, 코트, 신발을 착용하고 집과 사원, 정부 청사를 대피처로 삼는다. 생각은 곧 사물이 된다.

비가 처음에는 산 위로 떨어졌다가 계곡으로 흘러 내려가는 것처럼 생각들은 처음에 높이 있는 사람에게 떨어졌다가 모든 인류에게로 흘러 내려간다. 산에서 흘러나오는 물이 있는 강변에 도시가 생기는 것과 같다.

> 마음은 주조하고 만드는 지배적인 힘이다. 우리는 마음이며, 마음이 취하고 있는 겉모습의 하나다. 생각의 도구를 가지고 우리는 원하는 것을 조각하며 좋든 나쁘든 삶을 빚어낸다. 우리가 비밀스럽게 생각한 것이 나타난다. 세계는 우리의 반영이며 마음의 거울이다.
>
> – 제임스 앨런(철학자)

어떤 사람들은 삶이 주로 행동을 펼치기 위한 무대라고 여긴다. 그들은 자신과 타인들의 즐거움을 위해 실제적인 방식으로 자신의 재능과 능력을 표현하는 데서 만족을 찾는다. 반면 어떤 사람들은 삶을 주로 정신적, 영적으로 발전하기 위한 학교라고 생각한다. 그들은 생각에 완전히 몰입하여 몇 시간이고 앉아서 명상을 할 수 있다.

사회에서는 항상 활동적이거나 사색적인 두 가지 유형의 사람들이 조화를 이룬다. 한 사람 안에도 이 두

가지 경향이 공존한다.

그런데 지금 우리는 균형을 잃었다. 행동과 실용성, 결과에 대한 요구가 전에 없이 너무 강해서 사색하는 조용한 목소리는 완전히 묻혀버렸다. 대학에서조차 플라톤의 작품을 통찰과 진실의 원천으로써 명상하는 데 활용하기보다 고대 그리스의 글이자 분석의 대상으로 삼는다.

당신이 인류에게 줄 수 있는 최고의 선물은, 비록 편리한 삶에 도움이 된다 할지라도 새로운 교통수단이나 통신기기를 발명하는 것이 아니라, 한 줄기 신성한 빛을 가져오는 것이다.

지식과 사랑은 자연에서는 서로 분리된 것처럼 보이지만, 사실은 같은 동력과 원천에서 나온 두 가지 장대한 힘인 것으로 밝혀졌다.

-조르다노 브루노(수도사, 철학자)

우리 내면을 들여다보면 최소한 세 가지 지각의 힘을 구분해낼 수 있다. 통찰, 기억, 상상이다. 우리는 최

　　　　　　　　영혼이 이끄는 삶

대의 재능을 얻기 위해 각각의 능력치를 훈련하고 발전시켜야 한다. 정신력이 조금만 상승해도 외부 세계를 향한 힘이 광대한 발전을 이룬다.

지식은 보이지 않고 만질 수도 없지만 물리적 역경을 뛰어넘는다. 길을 아는 가이드는 어둠 속에서도 산에 오를 수 있다. 배의 장비와 작동법을 아는 선원은 누군가는 익사할 수도 있는 바다에 선뜻 나설 수 있다.

지식은 진정한 힘이다. '아는' 사람은 차분하고 확신에 차 있으며, 무지를 숨기기 위해 뭔가를 가장할 필요가 없다. 지혜의 큰 부분은 새로운 지식을 향해 열려 있고 생각의 경직성에 저항한다. 우리에게 필요한 것은 행동을 더 빨리 하는 것이 아니라 행동의 원천인 마음에 앞서서 더 큰 인내와 숭배를 하는 것이다.

당신이 온종일 생각하는 것이 없다면 당신의 삶은 과연 무엇일까? 그 생각이 바로 당신의 직업이고 운명이다. "당신이 알고 있는 것이 바로 당신이다"라는 라틴 속담도 있듯이.

우중충한 바위들 사이에서 반짝이는 크리스털을 찾아내듯이, 우리는 따분하고 일상적인 생각 속에서 진실의 빛을 이따금 찾아낸다. 그리고 그 보석을 집으로 가져와 해마다 늘어나는 수집품 목록에 추가한다.

> 다이아몬드는 땅속을 캐서 얻는다. 이와 같이 영혼을 깊이 파 내려가면 이해와 지혜, 힘이라는 새로운 보석을 얻을 수 있다.
>
> -제임스 앨런

행복함은 생각의 영역이다. 평화로운 기쁨이 그곳에 머무른다. 생각으로부터 흘러나오는 치유의 샘에 몸을 담그면 회복의 효과가 있다. 과도한 육체적 노동은 우리를 한 가지 방식으로 굶주리게 하며 과도한 응석을 받아주는 것은 또 다른 방식으로 우리를 굶주리게 한다. 하지만 마음 안으로 도피하는 것은 우리를 회복시키고 생기를 되찾아준다. 훌륭하고 고상한 생각은 보편적이고 오래 지속되는 가치를 지닌다.

마음과 영혼에 접속하면 우리는 우주의 정신적이고 영적인 본성을 느낄 수밖에 없다. 명상의 시간 동안 감각은 떠나가고 육체적인 것들은 중요성을 잃는다. 이

영혼이 이끄는 삶

세상의 분투와 슬픔은 우리가 고통 없이 바라보는 법칙과 사실로 바뀐다.

의심과 절망의 모든 선언과 반대로, 가장 좋은 것은 아직 오지 않았다. 최고로 좋은 것들은 우리 손이 닿는 곳에 있다. 모든 사람이 거액의 돈을 가질 순 없지만 돈은 인간의 가치를 보여주는 유일한 상징이다. 반면 음악과 시는 우리 모두가 가질 수 있는 풍요로움을 나타내주는 더 좋은 표상이다. 플라톤은 이렇게 말했다. "다른 모든 것으로 교환 가능해야 하는 진정한 재산은 지혜다. 그리고 지혜는 무엇이 좋은가에 대한 올바른 이해다."

사람들은 삶의 괴로움에서 탈출하여 바닷가나 산속의 집에서 쉬기를 열망한다. 하지만 우리는 자신 속으로 도피해 들어가면 언제든지 위안을 찾을 수 있다. 생각이 평온하게 정돈되어 있을 때 자신의 영혼보다 더 조용하고 평화로운 은신처는 없다. 그곳에서 당신은 자유롭다.

－마르쿠스 아우렐리우스

배에 탔을 때 항적航跡이 배 뒤로 따라오는 것을 본 적이 있는가? 물결이 철썩이는 장면은 매우 아름답다. 이것을 우리 마음에 비유하면, 기억은 마음의 항적이다. 삶 안에서 더 멀리 여행해갈수록 우리 뒤의 항적도 더 길게 펼쳐지며 점점 아름답고 유용해진다.

과거의 생각들은 지금 모두 어디에 있는가? 당신 뒤의 항적을 살펴보라. 그것이 짧고 얕으면 당신의 생각이 얕았기 때문이다. 생각이 깊을수록 더 강력한 물결이 만들어진다.

당신이 사용하는 기능만을 유지할 수 있다는 것은 자연의 법칙이다. 매머드 케이브³의 칠흑처럼 어두운 물속에서 헤엄치는 물고기는 눈이 멀었다. 시각이 소용없을 때 자연은 그것을 폐기한다. 힘과 사용의 영원한 관계도 마찬가지다. 기억을 예리하게 유지하고 싶다면 계속 단련해야 한다.

이때 기억을 강화하는 방법은 애정을 강화하는 것이다. 우리의 감정에 강한 인상을 남긴 것은 쉽게 잊히지 않는다. 우리는 사랑하거나 혐오하는 것을 가장 잘 기억한다.

영혼이 이끄는 삶

기억의 풍요는 불필요한 가능성과 결말을 축적하는 것이 아니라 핵심적인 것을 비축함으로써 가능하다. 당신의 기억 속에 어떤 생각과 감정을 저장해야 할지 조심스럽게 살펴보라. 기억은 모욕과 상처, 공허한 말, 미신, 오래된 틀에 집착한다. 하지만 잊어야 할 것은 잊어야 한다.

　　기억에는 의식적인 것과 무의식적인 것이 있다. 우리가 경험한 모든 것을 품고 있는 무의식적인 기억에 비하면 의식적인 기억은 미미하다. 가끔 우리는 꿈속에서 오래전에 알던 사람과 장소를 기억하는데, 깨어 있는 시간에는 절대로 떠올리지 못할 아주 사소한 부분까지 되살려내곤 한다.

　　기억은 죽은 것이 아니라 살아 있는 동반자이자 스승, 수호천사다. 기억하기 고통스러울 정도로 이기적이고 분노에 찬, 혹은 부주의한 행동을 저지른 적이 있는가? 있어야만 한다. 이런 일을 다시는 저지를 수 없을 때까지 기억은 당신을 괴롭힐 것이며 비로소 그날이 오면 당신은 자유로워질 것이기 때문이다.

　　과거와 현재를 붙잡음으로써 기억은 우리 삶에

지속성과 존엄성을 부여한다. 기억은 우리 자신의 개인적인 경전이며, 기억에는 태어난 순간부터 매일 우리가 인지하고, 의미를 추출하고, 세계를 설명하는 모든 것이 기록되어 있다.

기억은 어떻게 작동하는가? 사람들은 대부분 기억이 뇌 안에 물질적 흔적으로서 저장되어 있는 것이 당연하다고 여기지만, 기억이 저장된 위치를 찾아내려는 시도는 실패를 반복했다. 대안으로 나온 것이 공명 이론인데, 이에 따르면 과거의 비슷한 행동 패턴에 공명함으로써 기억이 이동한다. 또한 우리는 과거의 우리 자신에게 초점을 맞추며, 기억을 머릿속에 넣고 다니지는 않는다.

-루퍼트 셸드레이크

자연은 우리에게 뇌를 주어 생각의 전송과 표현을 가능하게 했다. 그래서 우리의 생각은 자연과 분리할 수 없다. 시인이 전사와 같듯이 철학자는 농부처럼 자연의 자녀다.

영혼이 이끄는 삶

생각은 마음의 일부이며 마음은 생각 안에 갇혀 있지 않다. 사람의 영혼, 식물의 영혼은 모두 마음이 표현된 것이며 이는 자연의 각 부분을 고유하게 만들어준다. 개인적 생각을 가진 우리의 개별적 자아는 보편적인 마음의 바다에서 나온 것이며 북극 바다에 떠다니는 얼음 조각과도 같다.

우리의 의식적인 생각은 마음이 지닌 힘의 극히 일부만을 보여준다. 우리의 몸을 형성하고 장기를 유지하고 성격을 만들어내는 생각들은 무의식적이고 자신도 모르는 사이에 일어난다.

우리는 모두 마음이 구현된 존재다. 세계의 역사는 살과 관념이 표현해내도록 만든 생각의 행렬에 불과하다.

당신이 마음속에 품은 비전, 가슴속에서 소중히 여기는 이상, 이것이 당신의 삶을 만들고 바로 당신이 된다.

-제임스 앨런

모든 인류는 미켈란젤로, 셰익스피어, 모차르트와 같은 천재의 성과를 보고 감탄한다. 이것은 바로 우리 모두가 표현되기를 기다리는 숨은 재능을 지니고 있다는 뜻이다. 보통 사람을 바라보며 우리 대다수가 평범하게만 태어났다고 여기지 마라. 최고의 사람을 바라보며 그들처럼 되기를 열망하라. 당신은 그들보다 못할 것이 없다. 보편적인 마음을 통해 당신은 자신이 아는 것보다 훨씬 대단한 힘에 연결될 수 있다.

의사들은 병적 측면, 즉 마음의 병과 장애에만 주목하는 경향이 있다. 그들은 건강하고 행복하고 성취 지향적인 사람에게는 거의 관심을 두지 않는다. 이로 인해 많은 사람이 자신의 잠재력을 의심하게 된다.

마음의 건강은 몸의 건강을 따라간다. 감각이 둔하거나 혼미할 때보다 감각과 능력이 예리할 때 당신은 훨씬 훌륭한 통찰을 할 수 있다.

감각이 명료하고 마음이 열려 있으면 온 세상이 신성한 빛으로 반짝이는 것을 발견할 수 있다. 수확할 것은 항상 풍부하며 우리에게 조언을 해주는 존재는 절대 침묵하지 않는다. 필요한 것은 그 메시지를 충실히

영혼이 이끄는 삶

받아들이고 다시 내보낼 자세를 갖추는 것뿐이다.

인간이 노력하는 모든 분야에서 지혜와 선함은 우리를 자유와 기쁨으로 채워준다. 두려움과 증오는 당신이 올바른 길에서 벗어났다는 신호다. 우주의 중심에는 심장이 있어 박동할 때마다 행복의 물결을 모든 동맥과 정맥으로 보내주며, 이로써 전체의 체계가 기쁨으로 가득 찬다.

자연과 자연이 만든 작품에 초점을 맞추어 세상을 바라보면 모든 것이 아름답다.

-마르쿠스 아우렐리우스

눈은 몸의 등불이다. 네 눈이 맑으면 온몸이 환할 것이다.

-예수

미칼로유스 콘스탄티나스 츄를로니스, 「생각」, 1907년

Key Point

1. 모든 육체적 진실은 정신적 진실의 상징이다.

2. 우리 몸이 좋은 음식을 갈망하듯이 우리 마음은 좋은 생각을 갈망한다.

3. 인생에서 가장 소중한 것들은 물질적인 것이 아니라 정신적이고 영적인 것이다.

4. 생각은 곧 사물이 된다.

5. 당신이 온종일 생각하는 것이 없다면 당신의 삶은 과연 무엇일까?

6. 마음 안으로 도피하는 것은 우리를 회복시키고 생기를 되찾아준다.

7. 기억을 강화하는 방법은 애정을 강화하는 것이다.

8. 우리는 모두 마음이 구현된 존재다.

9. 우리는 각자 표현되기를 기다리는 숨은 재능을 지니고 있다.

10. 지혜와 선함은 우리를 자유와 기쁨으로 채워준다.

11. 자연은 마음의 거울이다

자연에서의 물리학 법칙들은
정신적 세계에도 똑같이 적용된다.

한 줌의 모래에서 세계를 보고 한 송이의 들꽃에
서 천국을 본다. 그대 손바닥 안에 무한을 쥐고 순간
속에서 영원을 붙잡는다.

-윌리엄 블레이크

생각의 법칙과 힘을 곰곰이 생각해보면 자연과
마음 사이의 기분 좋은 유사성에 깜짝 놀라게 된다. 자
연물과 자연적 과정은 정신적 개념과 정신적 과정을 상
징하며, 반대의 경우도 마찬가지다. 우리를 둘러싼 세

계와 우리 안의 세계는 서로를 비추는 거울이다. 두 세계는 하나의 원천에서 나오는 것으로 보인다.

꽃, 버섯, 바다, 별 등 우리가 자연을 바라볼 때마다 우리 자신을 반영한 상이 우리를 마주 보고 있다. 어떤 주제의 과학책이라도 한 권 집어 들면 당신의 삶에 유추해 적용할 수 있는 사실들이 가득하다는 것을 알게 된다.

모든 과학은 결국 인간성에 대한 학문이다. 어떤 분야의 과학적 사실이나 법칙에서도 마음의 작용을 추론해낼 수 있다. 생물학자는 생물학에서 뽑아낸 비유를 활용하여 생각의 절차를 설명할 수 있다. 화학자는 화학으로, 물리학자는 물리학으로 같은 일을 할 수 있다.

뜻밖의 흥미로운 우연으로, 마음은 직접 관찰할 수 없고 오직 비유로만 묘사할 수 있기 때문이다.

당신의 가장 깊숙한 곳에 있는 존재는 스스로 조사하고 검토하여 파악할 수 없다. 이것은 거울 없이 자신의 눈을 직접 들여다볼 수 없는 것, 자신의 이를 깨물 수 없는 것, 자신의 혀를 맛볼 수 없는 것과 마

　　　　　　　　　　　　영혼이 이끄는 삶

찬가지다.

-앨런 와츠(사상가)

식물을 연구하는 식물학은 정신 현상의 묘사 방식을 활용하면 특히 더 풍부해진다. 유아에서부터 노년까지 우리 마음이 성장하는 모습은 식물의 생명 주기를 그대로 반영한다. 들판과 정원에서 일어나는 일이 우리 마음속에서도 똑같이 일어난다.

식물과의 신기한 유사성은 마음에서 몸까지 인간성 전체에 구석구석 퍼져 있다. 식물과 인간은 육체적, 정신적인 면에서 발아와 성장, 재생산의 경험을 공유하며, 병충해와 기생충, 시들어감의 영향을 받는다. 식물에게 혜택을 주거나 해를 끼치는 것은 무엇이라도 인간에게 혜택을 주거나 해를 끼칠 수 있다.

식물과 인간은 자연이 끊임없이 진화하고 스스로 조직화하는 힘의 산물이다. 우리의 몸과 마음은 깨어 있을 때나 잠들어 있을 때나, 활동적일 때나 침체되어 있을 때나 늘 성장을 지속한다. 우리는 낮이든 밤이든 계속 자라고 배운다.

지식은 마음속의 씨앗에서 출발하여 발아하고 싹을 틔우고 꽃을 피우며 실제로 열매를 맺는다. 그리고 모든 생각의 잎 아래에는 또 다른 싹이 움틀 준비를 하며 기다리고 있다.

어떤 식물은 봄에 싹을 틔우기 시작하지만 여름의 열기가 찾아오면 말라버리고 시든다. 인간의 경우에도 새로운 생각의 숨이 막히고 결실을 맺지 못할 때 똑같은 일이 일어난다.

식물이 자라고 번식하기 위해 흙과 공기의 양분을 필요로 하는 것처럼 우리의 마음도 생각에 양분을 주는 음식이 있어야 잘 자라난다. 새로운 사실과 경험으로 우리 마음에 비료를 많이 줄수록 더 많은 열매를 맺게 된다.

자연의 법칙을 이해하기로 결심하라. 모든 상황에서 그 법칙을 따르고 그것이 당신을 형성하도록 허락하라. 자연의 법칙이 지닌 완벽한 지혜를 길잡이로 삼아라.

-에픽테토스

영혼이 이끄는 삶

선택 번식을 통해 새로운 종류의 배를 다양하게 만들어낸 장 밥티스트 반 몬스는 이렇게 말했다.

"나는 직계 재생 과정에 존재하는 이 기술을 최대한 빨리 발견해냈다. 나의 비결은 씨를 뿌리고 뿌리고 또 뿌리는 것, 간단히 말해 씨뿌리기 외에는 아무것도 안 하는 것이다."

관습적인 마음은 한 가지 생각에 집착하고 그것을 넘어서지 못한다. 하지만 창조적인 마음은 좋은 생각 하나에 두 번째 생각을 추가하고 세 번째 생각, 그다음 생각으로 계속 이어가면서 첫 번째 생각의 힘을 크게 키워낸다.

역사 속에서 여러 번, 인류가 중요한 발견 바로 직전에 놓여 있을 때 도약을 이루어낸 것은 용감하고 창조적인 사고를 하는 한 명이었다. 생리학자 사비에르 비샤는 이렇게 적절한 언급을 했다.

"어제 발견된 사실보다 더 명백한 것은 없다. 그리고 내일 발견될 사실보다 더 어려운 것은 없다."

오래전에 식물학자들이 밝혀낸 바와 같이 자연은 교배를 사랑한다. 두 가지 식물을 교배하면 새롭고 훌

룡한 다양성이 탄생한다. 과일과 꽃이 있는 정원이 이 증거다. 사람의 경우에도 마찬가지여서, 생각의 두 가지 줄기, 두 개의 마음이 섞이면 행복한 결과를 불러올 때가 많다. 예를 들어 고대 영국의 켈트 브리튼은 로마와 색슨족, 노르만족의 영향을 흡수했다. (물론 이것이 정복과 식민지화를 정당화하지는 못한다. 문화는 평화적인 상호 교류를 통해 가장 큰 혜택을 입는다.)

학교는 자라나는 어린 싹으로 가득한 식물 묘목장과도 같다. 교사들은 열매뿐 아니라 식물 전체의 건강을 돌보는 정원사가 되어야 한다. 학생에게 전문 지식을 주입하는 것만을 중시하는 교사가 너무 많은데, 그 과정에서 학생들은 바싹 말라버리고 만다.

사과나무가 '사과하는' 것과 같은 방식으로 지구라는 행성은 '사람한다'. 비지성적인 우주에서 인간과 같은 지성적인 유기체가 나올 수는 없다. '무화과는 엉겅퀴에서 자라지 않으며 포도는 가시나무에서 자라지 않는다'는 신약성경의 서술은 이 세계에 똑같이 적용할 수 있다. 비지성적인 환경에서는 지성

영혼이 이끄는 삶

적인 유기체가 살 수 없다.

-앨런 와츠

우리가 본 바와 같이 식물학자는 자신의 정신적인 경험 중 어떤 것이든 자신의 연구 분야에 비유하여 설명할 수 있다. 동물학자도 마찬가지다. 당신의 마음은 살아 있는 생명체처럼 뛰고, 휴식하고, 호흡하고, 음식을 섭취하고, 노폐물을 배출하지 않는가? 우리는 마음속에 있는 남성적, 여성적 특성에 매력을 느끼고 그것들의 생산적인 결합에서 이익을 얻지 않는가?

우리는 마음이 꽉 잡고 나르고 도약하고 삼키고 소화시키고 달리고 잠자고 일어나고 든는다고 흔히들 이야기하는데, 동물의 비유도 마찬가지다. 아우구스티누스는 기억을 '마음의 배'라고 불렀다. 달콤하고 쓴 경험이 배 속에 들어간 후에는 더 이상 맛이 나지 않기 때문이다. 기억을 배에 비유하는 것이 이상해 보이지만, 이 비유법은 잘 들어맞는다.

나는 나를 바꾸어 동물들과 함께 살 수 있다.

그들은 너무나 평온하고 스스로 만족한다.

나는 오래오래 서서 그들을 바라본다.

(……)

동물들은 그들과 나와의 관계를 보여주고

나는 그것을 받아들인다.

그들은 내 증표를 나에게 갖다주며

그것이 그들의 소유임을 분명히 밝힌다.

-월트 휘트먼

자연 속 화학물질의 상호작용은 마음속 생각들의 상호작용과 유사하다. 화학자들은 이렇게 말한다.

"결합이나 분해 작용에서 한 물질이 다른 물질과 접촉하게 되면 첫 번째 물질이 두 번째 물질을 자신과 같은 상태가 되도록 만든다." "자기 혼자서는 특정한 화학적 끌림에 굴복하지 않을 물질이, 그 끌림에 굴복하는 다른 물질과 접촉하면 자신도 똑같이 굴복하게 될 것이다."

이런 사실들은 생각과 태도, 감정, 도덕이 지닌 전염성에 부합한다. 우리는 가까운 친구가 즐거워하거나 절망할 때 같은 감정을 느끼는 경우가 많다. 그들이 중요한 주제 또는 하찮은 것에 대해 말할 때 우리도 같은 것을 말하게 된다. 그들이 용감하게 행동하거나 소심하게 행동할 때에도 똑같이 따라 한다.

유망하지만 개성이 아직 형성되지 않은 젊은 사람들이 친구의 영향으로 수준이 낮아지는 경우도 빈번하다. 부적절한 친구는 가장 좋은 것들을 무력하게 만든다. 그 친구는 친절함, 야망, 고귀한 목표를 조롱하고 품격 있는 음악, 문학, 미술을 무시한다. 곁에 두는 친구를 조심하라.

현명한 사람과 함께 걸으면 현명해지지만, 어리석은 사람을 친구로 두면 크게 다칠 것이다.

-『잠언』

마음이라는 비물리적인 영역에서도 물리학과 역학의 법칙이 필연적 결과를 가져온다.

"모든 작용에는 똑같은 힘의 반작용이 있다." "정지해 있는 물체는 힘이 가해지기 전까지 정지해 있다."

"가장 가벼운 것도 지렛대를 이용하면 가장 무거운 것을 들어올릴 수 있다."

이 자명한 법칙들은 물리적 세계뿐 아니라 정신적 세계에도 적용된다.* 가속도의 법칙은 회전하는 바퀴나 언덕을 굴러 내려가는 바위에 적용되는 것처럼 마음에도 똑같이 적용된다. 작가들은 글을 쓰려고 처음 앉았을 때 마음이 차갑고 단어가 천천히 다가오지만, 글을 계속 쓰다가 마음이 뜨겁게 달구어지고 속도가 붙으면 마침내 이렇게 탄식한다.

"지금 갖게 된 불을 처음부터 갖고 시작했다면 얼마나 더 많이 쓸 수 있었을까!"

원인과 결과의 법칙은 눈에 보이는 물질적 세계에서처럼 눈에 보이지 않는 생각의 세계에서도 유

---

* 에머슨이 살던 시대는 양자역학이 발전하기 이전이었지만, 양자역학이 발견해낸 것들을 그가 접했다면 분명히 기뻐했을 것이다. 원자보다 작은 수준에서 일어나는 입자 파동의 놀라운 작용은, 전통적인 물리학 법칙을 훌쩍 뛰어넘어 마음에 새로운 빛을 비춰준다. 예를 들어 하이젠베르크의 불확정성 원리는 "원자보다 작은 수준에서 우리는 대상을 바꾸지 않고는 아무것도 관찰할 수 없다"라는 의미를 담고 있다. (게어리 주커브, 『춤추는 물리』) 이 법칙은 우리 마음에도 똑같이 적용된다. 숙련된 명상가는 우리가 자신의 생각을 관찰하는 것만으로도 생각을 바꾸는 첫 단계가 된다고 말할 것이다.

영혼이 이끄는 삶

효하다.

- 제임스 앨런

마침내 수학의 관념적인 과학으로도 마음과 생각을 나타낼 수 있다.

예를 들어 지식, 지혜, 미덕의 관계는 이렇게 묘사할 수 있다. 지식은 직선이다. 지혜는 지식의 힘을 몇 곱절로 키워서 사각형으로 만든다. 미덕은 지혜의 힘을 몇 곱절로 키워서 정육면체로 만든다.

한 사람이 감자 키우는 법에 대해 읽거나 농부가 설명해주는 것을 들으면 그것은 지식이다.

이어서 그 사람이 괭이를 손에 들고 잡초를 제거하고 토양을 준비하기 시작한다. 뜨거운 태양 아래 하루 종일 일하고 나니 씨감자들이 땅속에 심긴다. 그는 생각한다.

'이제 내가 기술을 익혔으니 어디에 있는 어떤 언덕에든 감자를 심는 데는 자신 있어.'

이것이 지혜다.

하지만 아직 할 일이 많이 남아 있다. 그 후로 몇

주, 몇 달이 지나 수확기에 이르러 소출을 얻기까지 그는 역경과 난관을 극복하며 강한 의지와 투지를 발휘해야만 한다. 이렇게 하여 얻는 것이 미덕이다.

지식이 몇 곱절로 늘어나 지혜가 되고 지혜가 몇 곱절로 늘어나 미덕이 된다.

순수수학 그 자체는 논리적인 생각으로 구성된 시다. 수학은 공식적인 관계의 최대한 큰 무리를 단순하고 논리적이고 통일된 형태로 한데 모을 수 있는 가장 보편적인 연산 방법을 찾는다. 논리적인 아름다움을 향한 이 노력 속에서 자연법칙을 더 깊이 꿰뚫어보는 데 필요한 정신적인 공식이 발견된다.

―알베르트 아인슈타인

우리는 지금까지 생물학, 화학, 물리학, 수학에서 온 다양한 사실과 법칙을 살펴보고 그것들이 정신 현상을 어떻게 묘사하는지를 알아보았다. 그렇다면 무엇이 자연과 마음 사이의 이 멋진 상관관계를 설명할 수 있을까?

고대 그리스인들은 가능한 설명을 제공하는 두 가지 상반된 이론을 제시했다.

먼저 플라톤의 관점에서 불멸의 영혼은 유한하고 물리적인 형태로 구현될 때 자신이 알고 있는 모든 것을 '잊으며', 우리의 세속적인 교육이란 이것을 '기억해내는' 과정이다. 우리 영혼은 여러 번 생애를 되풀이하기 때문에 늙은 영혼을 가진 사람이 처음으로 새로운 진실을 마주치면 그 영혼이 다 알고 있다는 듯 고개를 흔들고 웃으며 말한다.

"안녕, 좋은 친구. 난 너의 증조할아버지를 알지."

반면 레우키포스와 루크레티우스의 이론에 따르면, 모든 것은 '원자'라고 하는 작고 부서지지 않는 입자로 이루어져 있다. 사람, 바위, 물 한 방울은 모두 각각 다른 양과 조합의 원자로 구성되어 있다. 죽음과 부패에 이르면 모든 것은 녹아서 원자로 돌아가고 새로운 형태로 재생된다. 모든 것이 같은 재료인 원자, 즉 반복하여 계속 이용되는 원자로 이뤄져 있기 때문에 사람과 모든 자연이 연대감을 공유하는 것은 전혀 놀라운 일이 아니다.*

　여러 차이점에도 불구하고 두 이론은, 인간이 현재의 물리적 육체를 훌쩍 뛰어넘어 멀리 확장되는 정체성을 지니고 있다는 것에 동의한다. 언젠가 어디에선가 우리는 이 인생 게임을 해본 적이 있고, 우리 안에 그 희미한 기억이 묻혀 있다.

　　우리의 탄생은 잠과 망각일 뿐,

　　우리와 함께 뜨는 인생의 별인 영혼은

　　어디선가 졌다가

　　멀리서 오는 것,

　　완전한 망각도 아니며

　　완전한 벌거숭이도 아닌 채로

* 유럽에서는 여러 세기 동안 플라톤의 불멸의 영혼 이론, 특히 기독교가 이를 받아들여 변화시킨 이론이 널리 퍼져 있었다. 하지만 르네상스 시기에 루크레티우스의 잃어버린 필사본이 발견되었고 그의 원자 이론은 현대 과학의 토대 중 하나가 되었다. 에머슨의 시대에는 전자기학의 위대한 선구자 마이클 패러데이가 원자는 단단한 공이 아니라 에너지가 모인 구체라는 것을 처음으로 이론화했다. 에머슨은 물질이 에너지로 이루어져 있다는 이 이론에 흥분했으며, 영국 여행을 할 때 패러데이의 강연에 직접 참석하기도 했다. 물리학자들은 그 이후로 원자가 물리적인 대상이 아니라는 것을 분명히 했다. 원자보다 작은 수준에서 물질적 진실의 개념은 완전히 사라진다. 게어리 주커브의 『춤추는 물리』를 참고하라.

　　　　　　　　　　　　　　　　　영혼이 이끄는 삶

우리의 고향인 신으로부터

영광의 구름을 끌며 오리니.

-윌리엄 워즈워스

동물 유골과 화석이 전시된 박물관을 찾을 때, 또는 식물 왕국 곳곳에서 나온 표본으로 가득한 식물원을 걸을 때, 우리는 전시된 것들과 깊이 연결된 느낌에 놀라게 된다. 마치 도깨비집 거울에 비친 우리의 몸을 보는 것 같은 기분이다. 사냥꾼과 어부가 자신이 잡는 포획물의 마음속으로 들어간 것 같은 느낌이라고도 할 수 있다.

이것은 진화의 진실을 짚어낸다. 사냥꾼은 한때 동물이었다. 어부는 한때 물고기였다. 생물학자는 한때 미생물이었고 화학자는 한때 기본적인 화합물이었다. 우리는 모두 진화의 여정 중 각기 다른 시점에 인간의 형태를 취하기 때문이다.

우리가 동물원에 갔을 때 가족 관계를 느끼지 않을 수 없는 것처럼, 우리 영혼이 밤하늘의 별을 올려다보면서 우리의 우주적 기원에서 오는 메아리를 느끼지 않는 것은 불가능하다. 인간은 소금과 산, 새와 짐승, 천체 은하와 기하학적인 무늬가 결합된 혼합체다. 이 모든 것을 지배하는 법칙이 우리 안에도 있다는 것은 놀라운 일이 아니다.

자연은 신성함으로 가득 차 있으며 모든 입자가 우주의 힘을 지니고 있다.

사과가 사과나무에서 자라는 것과 똑같은 방식으로 우리는 이 세상에서 자란다. 진화가 무엇인가를 의미한다면 바로 이것이다. 하지만 우리는 호기심을 가지고 이것을 살짝 비튼다. 우리는 이렇게 말한다. "맨 처음에는 가스와 바위밖에 없었어요. 그리고 모든 것의 꼭대기에서 균류나 점액처럼 지성이 문득 일어났지요."

우리는 바위와 지성이 관계가 없다고 생각한다. 하지만 바위가 있는 곳에서는 조심하라! 바위는 언젠가 살아나고 사람들이 그 위로 기어 올라올 것이기 때문이다. 도토리가 잠재성을 내재하고 있기 때문에 언젠가 오크나무가 되는 것처럼, 그저 시간의 문제다. 바위는 죽지 않았다.

- 앨런 와츠

우주의 아이들로서 우리는 모두 창조자로 태어났다. 우리의 타고난 소질에 지식과 열정만 더하면 된다.

미켈란젤로의 조각이나 라파엘로의 그림을 보고 이와 같은 창조적 힘에 당신이 얼마나 가까이 있는지 느껴보라. 기술을 배우고 그 힘을 활용하기만 한다면 당신도 돌과 그림으로부터 수많은 인물을 만들어낼 수 있다. (당신의 재능이나 관심이 예술이 아닌 다른 쪽에 있을 수도 있지만 이 경우에도 같은 법칙이 똑같이 적용된다. 당신이 이미 가지고 있는 것에 지식과 열정만 더하면 된다.)

상상력을 이용하면 우리는 우주 안에 있는 천상의 흐름을 공유할 수 있다. 우리의 정체성은 생각보다 멀리 뻗어 나가며 그것에는 한계가 없다. 인간의 독창성이 이루는 가장 큰 성취는 우리의 몸을 빚어낸 것과 같은 힘을 연장시키는 것뿐이다.

모든 것은 하나의 원천에서 나온다. 당신을 포함하여 존재하는 모든 것은 우주 안에 자기 자리가 있다. 전체에 도움이 되는 것이 좋은 것이다.

-마르쿠스 아우렐리우스

은유나 비유, 묘사 같은 하나의 좋은 이미지가 어떤 논쟁보다도 낫다. 강력한 상징은 수많은 사람을 설득한다. 갖가지 상징이 없다면 전 세계의 종교는 어떻게 될까?

모든 자연은 마음의 은유다. 생각은 더 좋은 화학이고 초목의 더 좋은 성장이면서 동물 삶의 더 좋은 형태다.

이 세상은 근본적으로 정신적이다. 그리고 이 세상은 보이지 않는 것을 보이게 하고 만질 수 없는 것을 만지게 하기 위해 존재한다. 우리는 식물, 동물, 그리고 바위를 본다. 우리에게 보이지 않는 것, 다시 말해 물리적으로 볼 수 없는 것은 그 대상의 본질을 만드는 속성이다.

보편적인 마음은 자신의 모든 창조물 뒤에 숨어

영혼이 이끄는 삶

있다. 따라서 그 마음에 의식적으로 참여하면 우리는 모든 곳에서 우리 자신을 보게 된다.

이성적인 마음을 지닌다고 해서 우주와 분리되는 것은 아니다. 감각하고 인지하고 이해하는 당신의 능력은 그 자체로 우주의 힘이다. 당신은 우주의 일부이며 스스로도 그것을 잘 알고 있다.

－마르쿠스 아우렐리우스

폴 고갱, 「공작이 있는 풍경」, 1892년.

MATAMOE

Key Point

1. 우리가 자연을 바라볼 때마다 우리 자신을 반영한 상이 우리를 마주 보고 있다.

2. 마음은 직접적으로 관찰할 수 없고 비유로만 묘사할 수 있다.

3. 들판과 정원에서 일어나는 일이 우리 마음속에서도 똑같이 일어난다.

4. 생각과 태도, 감정, 도덕은 전염성이 있다.

5. 지식이 몇 곱절로 늘어나 지혜가 되고 지혜가 몇 곱절로 늘어나 미덕이 된다.

6. 언젠가 어디에선가 우리는 이 인생 게임을 해본 적이 있다.

7. 자연은 신성함으로 가득 차 있으며 모든 입자가 우주의 힘을 지니고 있다.

8. 우주의 자녀로서 우리는 모두 창조자로 태어났다.

9. 모든 자연은 마음의 은유다.

10. 이 세상은 근본적으로 정신적이다.

12. 영감을 얻는 법

영감 없이는 위대하고 오래가는 어떤 것도 성취할 수 없다.

마음은 알고 있고 증명할 수 있는 곳까지만 나아
갈 수 있다. 그런데 마음이 지식의 더 높은 지평을
얻었는데 어떻게 그곳에 도달했는지 증명할 수 없
을 때가 있다. 모든 위대한 발견은 이러한 도약을 수
반한다.

– 알베르트 아인슈타인

제임스 와트가 조지 3세를 만났을 때 그는 기술자
로서 자신의 일이 왕의 일과 비슷하다고 말했다. 둘 다

힘의 확대를 추구한다는 것이다. 실제로 와트의 증기기관 같은 진보는 인류의 물리적 동력을 기하급수적으로 키워주었다. 하지만 우리의 정신적 동력을 키울 수 있는 발명가는 어디 있을까?*

우리는 더 훌륭한 통찰력, 초점, 기억, 그리고 생각의 명료함을 가질 수 있다면 기꺼이 돈을 낼 것이다. 그런데 영감은 어디에서 살 수 있을까? 안타깝게도 영감을 파는 곳은 없다.

봄이 되어 설탕단풍나무에서 수액이 처음 흘러나오기 시작할 때, 아무리 빨리 양동이를 가져와도 수액을 한 방울도 남김없이 모을 수는 없다. 하지만 며칠이 지나면 수액이 흐르는 속도는 느려진다. 우리의 마음도 이와 같다. 정신적 에너지가 높은 시기에는 새로운 아이디어가 쏟아져 나오는 것처럼 보인다. 하지만 대부분의 시간에 생각의 속도는 느리고 따분하다.

---

* 에머슨의 요구에 대한 답이 이제 나왔다고 할 수 있다. 엔진과 기계가 물리적 동력을 키웠던 것처럼 컴퓨터가 정신적 동력을 키울 수 있다. 어떤 면에서는 이것이 사실이지만 컴퓨터는 생각을 대체할 수 없으며 영감을 만들어내지 못한다.

영혼이 이끄는 삶

모든 것의 비밀은 그 순간의 분출과 고통, 홍수 속에서 쓰는 것이다. 당신은 그것의 첫 번째 영혼을 붙잡고 싶어 한다. 그 순간에 글을 쓰면 삶의 심장박동을 잡아낼 수 있다.

-월트 휘트먼

시인이 자연 속에서 걸을 때 그가 보는 모든 것은 그의 마음속 무언가와 일치를 이룬다. 자연 풍경에 대해 시를 쓸 때 사실 그는 정신적 풍경을 비추고 있는 것이다.

발명가는 아이디어를 품고 아이디어를 실제로 만들어낸다. 최종 결과물이 상품이 되어 시장에 선보여질 때 그것은 새로워 보이지만, 사실은 발명가의 마음속에 이미 존재하던 것이 현실로 나타난 것이다.

시인이나 발명가가 아니더라도 우리는 모두 이러한 행복한 순간을 만난 적이 있다. 새로운 통찰이 갑자기 떠오르고, 짐작했던 것이 명료한 결론으로 발전하고, 일이 순풍을 탄 듯 잘되고, 고생이 기쁨으로 바뀌는 경험을 우리 모두 해보았을 것이다.

이것들이 바로 영감의 사례다.

영감 없이는 위대하고 오래가는 어떤 것도 성취할 수 없다. 영감은 건설적인 생각과 활동을 위한 연료다. 엔진이 튼튼하더라도 연료가 없다면 아무 소용이 없다.

논리적인 생각과 체계적인 활동만으로는 부족하다. 이것들은 한 걸음씩 느리게 걸어가지만, 영감은 도약하고 달리면서 나아간다.*

새로운 발견을 위해 첫 번째로 필요하고 중요한 것은 직관이다. 검증은 또 다른 문제다. 논리는 직관

---

* 실험으로 얻은 자료와 실증적인 추론에 전적으로 의존하는 과학자들의 정형화된 이미지와는 정반대로, 영감과 직관은 과학의 역사에서 핵심적인 역할을 해왔고 이 사실은 수없이 간과되었다. 과학적 방법론의 기초를 만든 르네 데카르트도 천사 같은 존재가 이렇게 말하는 장면에서 영감을 얻었다고 했다. "자연의 정복은 측정과 숫자를 통해 이루어진다." 프레데릭 케쿨러는 벤진의 분자구조를 밝히려고 연구하던 중, 낮잠을 자다가 뱀이 둥글게 똬리를 튼 꿈을 꾸고 해답을 얻었다. 그의 연구는 벤진이 원자들의 고리임을 입증했고, 이 발견은 유기화학의 발전에 큰 영향을 미쳤다. 알베르트 아인슈타인은 대부분 독학으로 물리학을 공부했는데 혁명적인 이론을 세울 때 자신의 직관을 믿었다. 그는 이렇게 말했다. "발견을 향한 길에서 지성은 거의 영향을 미치지 못한다. 인식에서 도약이 나타나는 경우가 있는데 이를 직관이나 다른 말로 칭할 수 있다. 이렇게 해답을 얻을 때 어떻게 왜 그것이 이루어지는지는 알 수 없다."

다음에 온다.

- 유진 위그너(물리학자)

영감은 값을 매길 수 없이 귀하다. 좋은 생각의 파도는 쏟아지는 돈벼락보다 낫다. 좋은 옷과 가구는 마음과 영혼의 가난을 해결해주지 못한다.

영감보다 기적적인 것이 있을까? 통찰력이 찾아오는 것을 한번 경험해보면 마법과 기적의 이야기는 그렇게 대단해 보이지 않는다. 영감은 번개처럼 간격을 두고 찾아온다. 처음에 번쩍하고 긴 어둠이 찾아왔다가 다시 번쩍한다. 영감의 에너지를 이용하여 꺼지지 않는 빛을 만들어낼 수만 있다면 얼마나 좋을까? 영감의 원천 위에서 우리에게는 아무 통제력이 없다.

영감을 더 잘 받아들일 수 있는 방법이 있을까? 무기력한 마음에 활력을 주는 음료가 있을까?

그렇다. 오랜 역사 속에서 많은 사상가는 특정한 마음의 상태가 영감을 얻기에 특히 좋다는 것을 발견했고, 그 상태에 이를 가능성을 높여주는 여러 가지 방법을 알아냈다.

창조는 이전에 존재하지 않았던 무언가를 발견하고 만들고 발명하는 과정이라고들 생각한다. 하지만 시간의 경계선을 넘으면 '이전'이라는 것은 없다. 어떤 감각으로든 지각 가능한 모든 것은 이미 존재하며, 이를 알아차리는 것이 필요할 뿐이다.

— 래리 도시

1. 건강한 라이프스타일 즐기기

건강이 첫 번째 뮤즈다. 몸으로 하는 운동, 특히 야외에서 하는 운동은 마음에 마법 같은 영향을 준다. 플라톤은 운동이 마음속 부정적인 생각들을 지워준다고 했고, 한 저명한 강연자는 이렇게 말한 적이 있다. "20킬로미터를 걸은 날에는 절대 연설에 실패하지 않는다."

잠 또한 건강에 필수적이다. 하루의 일을 마치면 매우 지치지만, 밤잠을 잘 자고 나면 새로워진 활력과 함께 깨어나 또 다른 모험을 할 준비가 된다. 게다가 꿈속으로 멋진 메시지가 찾아오는 경우도 종종 있다.

영혼이 이끄는 삶

스트레스, 걱정, 배고픔, 탈진은 통찰과 표현을 어렵게 한다. 몸과 마음이 조화를 이룰 때 영감을 얻을 준비가 된다. 아라비아에는 이런 속담이 있다. "배가 든든하게 차면 머리에게 말한다. 노래해!"

2. 편지 쓰기

새로운 생각이 고갈되었다고 느낄 때 오랜 친구에게 편지를 써보자. 마음은 임기응변을 발휘하고 노력 없이도 표현이 저절로 흘러나올 것이다.

매일 다른 친구에게 편지를 쓰면 이야깃거리가 부족할 일이 없다. 마음은 거울과 같아서 대상을 비추는 데 절대 싫증을 내지 않으며, 그것을 가지고 전 세계를 돌아다녀도 항상 새것 같은 상태를 유지한다.

3. 양질의 대화 나누기

좋은 대화는 와인처럼 우리를 도취시키는 효과가 있으며, 철학을 배울 수 있는 가장 좋은 학교 역할을 한다. 대화 속에서 우리는 우리의 생각이 무엇인지, 또 그것이 어떻게 의견을 제시하고 어떤 힘이 있는지 알게 된다.

대화를 경쟁으로 인식하여 점수를 따고 논쟁에서 이기려는 마음으로 접근하지 말고, 호기심을 가지고 임하라. 상대방에게서 무엇을 끌어낼 수 있을까? 그리고 상대방은 당신에게서 무엇을 끌어낼 수 있을까? 때로는 자신의 말에 스스로 놀라기도 할 것이다.

어떤 통찰은 하나의 영혼에게 허락되지만, 두 영혼이 있어야 발견할 수 있는 통찰도 있다. 공감의 불 주위에 모이면 우리의 마음은 따뜻해지고 활발해진다. 지적인 활동은 전염성이 있다.

4. 고독한 시간 갖기

우리에게는 활동과 동료애가 필요한 것과 마찬가지로, 휴식하고 되돌아볼 수 있는 시간 또한 필요하다.

자신의 마음속 비밀로 깊이 들어가보면 우리는 모든 마음의 비밀을 탐구할 수 있다. 숲속에 혼자

영혼이 이끄는 삶

있는 시인이 자신의 내밀한 생각을 적은 기록을 나중에 북적이는 도시의 사람들이 읽고 공감할 수 있다. 가장 사적이고도 개인적인 것이 가장 보편적인 진실이다.

5. 아침을 성스럽게 유지하기

아침이 주는 좋은 영향을 설명하기는 어렵지만 우리는 모두 이를 경험해보았다. 그날의 일과 걱정거리로부터 당신의 아침을 지켜라. 풀밭에 이슬이 맺혀 있는 동안만은 그날 할 일에 대한 생각으로 마음을 어지럽히지 말자.

피타고라스의 시대에서부터 위대한 사상가들은 아침마다 한 시간씩 조용히 명상하며 자신의 마음을 들여다보고 마음이 전해주는 메시지를 발견했다.

마음을 차분히 하면 매일 기다리고 있는 새로운 생각을 만날 수 있다. 또한 오래된 생각을 새롭게 배열해볼 수도 있는데, 이는 새로운 생각만큼이나 가치가 있다.

6. 자연 속에서 시간 보내기

도서관에서는 하지 않을 숭고한 생각과 달콤한 말이 자연 속에서는 절로 떠오르고 나온다. 봄날 들, 여름의 새벽, 가을의 숲은 제각기 기분 좋은 비밀을 품고 있다.

모든 악기 중 최고의 악기는 에올리언 하프[4]이며, 어떤 음악가의 작품도 바람의 소리에 견줄 수 없다. 자연의 목소리는 영혼의 목소리다. 이 소리는 삶의 환희와 비애를 모두 표현해주고, 어떤 교회의 오르간도 도달하지 못한 신성한 곳으로 우리를 들어 올린다.

자연의 소리가 우리의 귀를 즐겁게 하듯 자연의 광경은 우리 눈을 즐겁게 한다. 호수 곁에 서서 반짝이는 잔물결을 바라본 적이 있는가? 너무나 갑작스럽고 가냘프며 영적인 그 모습은 밤하늘의 오로라만큼이나 경이롭다.

7. 한 걸음 물러나기

특정한 문제나 프로젝트로 인해 옴짝달싹 못 하

고 있을 때, 필요한 것은 풍경의 변화다. 시골집이
나 호텔을 예약하여 머물면서 무언가 끼어들거나
집중을 방해하는 것 없이 일해보자.

산이나 바닷가, 강변, 숲 근처에 있으며 산책로가
있는 곳은 당연히 영감을 불러오기 좋은 장소로
알려져 있다. 하지만 장소의 이동 자체가 중요한
것이지 그곳이 어디인가는 그다지 중요하지 않다.
때로는 익숙한 일상을 떠나는 것만으로 창조성에
불이 붙는다.

8. 새로운 책 읽기

새로운 책, 그리고 오래전에 나왔어도 당신에게는
새로운 책들을 읽어라. 최고의 문학 작품은 생각
을 불러일으키고 삶을 긍정하며 예언을 해주기도
한다. 좋은 글을 읽으면 마음이 깨끗해지고 새롭
게 깨어난다.

지혜로운 잠언이나 아름다운 시는 일상적인 환경
에서 벗어나게 해주고 오래 지속되는 통찰을 전해
준다. 또한 감각과 영혼이 조화를 이루는 상태로

만들어준다. 플라톤과 플로티누스, 초서와 셰익스피어, 하피즈와 루미, 힌두교와 켈트족의 신화 등은 영혼을 위한 양식이다.

선정적인 뉴스, 저속한 소설, 감상적인 시처럼 수명이 짧은 것을 멀리하라. 그 대신 백과사전이나 과학책을 읽는 것이 훨씬 낫다. 정확히 잘 표현되었을 경우 명료한 사실들은 수많은 이야기와 시보다 오히려 상상력을 키우는 데 도움이 된다. 새로운 지식의 조각들은 하나하나가 영감을 위한 불쏘시개다.

생각을 불러일으키고 창조적인 상태로 이끌어준다면 좋은 책이다. 최고의 책은 좋은 영감을 주는 책이다.

9. 인내하기

의지력은 영감의 적이 아니라 협력자다. 위급한 상황에서 의지력은 우리가 지켜내야 할 유일한 것이다. 세네카는 몸이 아파 죽음에 가까이 갔던 때를 회상하며 이렇게 썼다.

영혼이 이끄는 삶

"충격을 견디지 못하는 아버지 때문에라도 나는 나 자신에게 살라고 명령했다."

한편 괴테는 이런 말을 남겼다.

"내 마음이 '뜨거울 때' 글이 쉽게 다가온다. 온도가 떨어진다고 느낄 때 나는 그것을 다시 높이려고 온갖 애를 쓰며 그 시도는 성공한다."

영감이 다했다고 느낄 때 멈추지 말고 계속 일하라. 벽돌을 쌓고 또 쌓으며 인내하라.

오래된 이 속담을 기억하라.

"인내하는 인간에게 축복의 신들은 재빠르게 보답한다."

신의 은총을 품은 바람은 항상 불고 있지만, 당신이 돛을 높이 올려야만 소용이 있다.

—비베카난다(힌두교 철학자)

클로드 모네, 「석양 지는 눈밭」, 1869년.

Key Point

1. 영감 없이는 위대하고 오래가는 어떤 것도 성취할 수 없다.

2. 영감은 건설적인 생각과 활동을 위한 연료다.

3. 몸으로 하는 운동은 마음에 마법 같은 영향을 준다.

4. 지적인 활동은 전염성이 있다.

5. 가장 사적이고도 개인적인 것이 가장 보편적인 진실이다.

6. 마음을 차분히 하면 매일 기다리고 있는 새로운 생각을 만날 수 있다.

7. 자연의 목소리는 영혼의 목소리다.

8. 새로운 지식의 조각들은 하나하나가 영감을 위한 불쏘시개다.

9. 최고의 책은 가장 큰 영감을 주는 책이다.

10. 벽돌을 쌓고 또 쌓으며 인내하라.

13. 내가 원하는 일과 삶

마음의 상속인으로서 당신은 부유하게 태어났다.

우리는 자신의 모습 그대로 행동하고, 우리가 행동하는 대로 결과를 얻는다. 우리는 자신의 행운을 스스로 만들어낸다.

-랄프 왈도 에머슨

모르는 사람을 처음 만나면 가장 먼저 묻게 되는 질문 중 하나가 "무슨 일을 하세요?"다. 사실 이것은 중요한 질문이다. 일을 하거나 어떤 방식으로든 사회에 기여하지 않으면 한 사람으로서 온전하지 않은 것처럼 보이기 때문이다.

경제적으로 우리는 모두 소비자이며 동시에 생산자여야만 한다. 돈을 내는 것도 좋지만 공공재산에 무언가 기여하면 더 좋다. 자신의 천재성을 표현함으로써 이 세상에 가치를 추가했다면, 그 보답으로 타당한 보수를 요구하는 것이 정당하다.

마음을 자연에 적용하면 부유함이 온다. 첫 번째 도구들을 만드는 것으로 시작하여 생각은 일에서 항상 필수적인 측면이었다. 더 좋은 디자인이나 더 똑똑한 시스템은 몇 시간의 육체적 노동만큼 가치가 있다.

마음은 풍부한 곳에서 부족한 곳으로 자원을 옮기는 가장 효율적인 방법을 찾아낸다. 이것이 모든 경제의 기초다. 농부가 사과를 따서 시장에 가져가면 사과는 과수원 나무에 매달려 있을 때보다 훨씬 더 가치가 커진다.

기업가는 수천 명의 사람을 조직하고 그들의 노동을 이끌어냄으로써 부자가 된다. 하지만 진정한 부는 돈을 넘어서는 가치가 있다. 이 시대에 우리 각자가 이용할 수 있는 부유함을 떠올려보자. 우리는 마음속에서

영혼이 이끄는 삶

전 세계 곳곳에 있는 수많은 사람의 노동을 활용할 수 있다. 살아 있든 이미 세상을 떠났든, 이들이 음악, 미술, 과학, 문화 등 모든 영역에서 땀 흘려 얻은 결실을 우리는 즐길 수 있다.

마음의 상속인으로서 당신은 부유하게 태어났다. 그리고 마음을 활용함으로써 당신은 더 부유해진다.

> 거래를 하는 자는 재산을 가진 자고 소명을 가진
> 자는 이익과 명예의 사무실을 가진 자다.
>
> -벤저민 프랭클린

부유함은 정신적일뿐 아니라 도덕적인 것이다.

돈은 그 자체로는 아무 가치가 없고 가치를 나타내는 역할을 한다. 농부는 돈을 꽉 쥐고 있다. 얼마나 많은 땀과 흙, 햇빛과 비가 그 안에 스며들어 있는지 알기 때문이다. 농부의 돈이 무겁다면 월스트리트 투기꾼의 돈은 가볍고 주머니에서 쉽게 튀어 나간다.

돈의 가치는 문화와 미덕에 따라 상승한다. 파리에서는 돈으로 아름다움과 화려함을 살 수 있다. 하지만 시베리아에서는 돈이 고통을 완화해줄 뿐이다. 사람들이 교육을 잘 받고 부지런하고 도덕적인 곳에서는 절망과 부패, 범죄가 만연한 곳에서보다 1달러의 가치가 훨씬 크다.

자신의 수입 안에서 살고 부채를 피하여 얻는 경제적 자유가 미덕이다. 자유롭게 생각하고 원하는 일을 선택하고 자기 방식대로 살아갈 힘과 특권을 바란다면, 당신의 지출이 수입을 넘어서지 않게 해야 한다.

신발을 만들든 그림을 그리든 법을 만들든, 그 일을 잘해내는 것에서 자부심을 가져라. 경제적으로 독립적인 사람은 타협하지 않을 능력이 있다. 좋은 일은 그 자체가 보상이고 우수함은 스스로를 대변한다.

자신이 가진 천재성의 열매를 사용하는 한 당신의 자유는 확실히 보장된다. 천재성의 영역 밖에서 세월을 보내며 일하다 보면 돈뿐 아니라 시간도 낭비하게 된다. 돈을 벌 수 있는 적합한 일을 포기한다면 당신은 문자 그대로 혹은 비유적으로 파산하게 된다.

자신의 소명과 인생의 방향에 따르는 것이라면 어떤 직업도 하찮지 않다. 반대로 소명에서 멀어지게

영혼이 이끄는 삶

한다면 어떤 직업도 위대하거나 바람직하지 않다.

다른 사람이 되려고 하는 것이 무슨 소용이 있는가? 자신의 일을 즐길 때 더 큰 힘이 생긴다. 자신만의 재능과 성향을 따르면 힘과 행복을 얻을 수 있다.

내 모든 희망을 걸었던 나의 후원자가 죽었을 때, 나는 스스로를 신뢰하고 가치 있는 사람이 되는 것이 가장 좋으면서도 안전한 과정이라는 것을 이해하기 시작했다.

-미켈란젤로

내가 무슨 일이라도 하기도 마음먹었다면, 울부짖는 군중을 무시하고 나만의 길을 가야 한다는 것을, 쓴소리들을 비난하지 않고 무슨 일이 생기든 자신의 생각을 변함없이 표현해야 한다는 것을 나는 오래전에 알았다.

-월트 휘트먼

성공하는 사람들은 대부분 한 가지 공통점을 지

니고 있는데, 원인과 결과의 법칙을 따른다는 것이다. 부서지지 않는 고리가 가장 작은 노력들을 연결하여 가장 큰 결과를 이끌어낸다는 것을 그들은 알고 있다. 또 그들은 다음 격언들의 가르침을 지킨다.

"뿌린 대로 거둔다." "주는 만큼 받는다." "무無에서는 아무것도 나오지 않는다."

그들은 요행을 바라지 않고 자신의 행운을 직접 만든다.

성공과 짝을 이루는 것은 긍정성인데, 이것은 에너지와 자원, 그리고 다른 사람들을 끌어당기는 자석 같은 힘이다. 세상은 긍정적이고 열정적인 리더에게 항상 자리를 내어준다.

힘은 집중함으로써 더욱 커진다. 뉴턴은 어떻게 여러 발견에 성공했는지 비결을 묻는 질문에 이렇게 대답했다.

"항상 제 마음에 집중했습니다."

당신이 가진 재능의 영역에 머물면서 한 번에 한 가지씩 집중하여 노력을 기울여라. 집중 범위를 좁게 했을 때 얻는 보상은 힘의 확장이다. 한 가지를 완전히 이해하면 모든 것에 적용되는 법칙을 알 수 있기 때문이다.

　매일의 일은 이전의 것 위에 새로운 것을 계속 쌓아 올리는 행위다. 좋은 시기에나 나쁜 시기에나, 횡재했을 때나 재난이 닥쳤을 때나, 갑작스러운 인기를 얻었을 때나 실패했을 때나 힘든 시간을 벌충하는 유일한 방법은 끝까지 버티는 것이다. 시도하고 시도하고 또 시도하라.

　'일을 마치는 것'이 아니라 '일하는 것' 자체에서 기쁨을 찾아라. 그러면 당신의 '작업대'는 어디든 당신을 따라갈 것이고, 서 있을 때나 잠잘 때나 먹을 때나 마음은 지금의 프로젝트에 대한 작업을 멈추지 않을 것이다. 언제 돌파구를 찾을지는 알 수 없지만, 일에 대한 열정이 있다면 언젠가는 결과물을 얻을 것이다.

　문제에 대해 심사숙고하는 대신 해결책을 찾아라. 무엇이 확실한가? 무엇이 유망한가? 무엇이 진전되고 있나? 나쁜 것을 불평하는 데 에너지를 낭비하지 말고 좋은 것의 아름다움을 노래하라. 그리고 최고의 해결책은 사랑이라는 점을 기억하라.

희망의 불씨를 유용한 불꽃으로 키우고, 새로운 생각과 단호한 행동으로 패배를 상쇄하라. 쉽지 않은 일이지만 이것이 위대함으로 향하는 길이다.

지금 과거를 뒤돌아보면 어떤 면에서 나의 불행은 행운이었다. 그 모든 것이 거칠고 힘든 길을 헤쳐 나가는 나에게 도움을 주었음이 틀림없다. 시험을 받아야 비로소 원하는 바를 이룰 수 있다.

-월트 휘트먼

참된 것과 고귀한 것과 의로운 것과 정결한 것과 사랑스러운 것과 영예로운 것은 무엇이든지, 또 덕이 되는 것과 칭송받는 것은 무엇이든지 다 마음에 간직하십시오.

-사도 바울

영혼이 이끄는 삶

Key Point

1. 마음을 자연에 적용하면 부유함이 온다.

2. 당신은 부유하게 태어났다. 그리고 마음을 활용함으로써 더 부유해진다.

3. 부유함은 정신적이며 도덕적이다.

4. 자신의 수입 안에서 살고 부채를 피하여 얻는 경제적 자유가 미덕이다.

5. 자신이 가진 천재성의 열매를 사용하는 한 당신의 자유는 확실히 보장된다.

6. 좋은 일은 그 자체가 보상이고 우수함은 스스로를 대변한다.

7. 성공하는 사람들은 원인과 결과의 법칙을 따른다.

8. 세상은 긍정적이고 열정적인 리더에게 항상 자리를 내어준다.

9. 힘은 집중함으로써 더욱 커진다.

10. 나쁜 것에 대해 불평하지 말고 좋은 것의 아름다움을 노래하라.

부록

에머슨의 삶과 영향

랄프 왈도 에머슨은 1803년 5월 25일, 보스턴에서
사랑과 존경을 받는 목사의 둘째 아들로 태어났다. 아
버지는 그가 겨우 일곱 살이었을 때 위암으로 세상을
떠났고, 에머슨의 다섯 형제는 어머니와 이모의 손에서
자랐다.

   열네 살의 나이에 에머슨은 집을 떠나 하버드 대
학에 진학했고 4년 뒤인 1821년 졸업했다. 3년간 가정
교사로 일하다가 그는 아버지, 할아버지와 같이 목사의
길을 걷기 위해 하버드 신학대학원에 입학했다.

1829년 스물다섯 살이 된 에머슨은 보스턴 제2교회의 목사로 임명되었고, 같은 해에 엘런 터커와 결혼했다. 그런데 겨우 18개월 뒤 엘런이 폐결핵으로 사망하고 말았다. 그즈음 에머슨은 전통적인 기독교에 대한 믿음을 잃었다. 과거의 교리와 의식을 반복할 수 없다고 느낀 그는 목사직을 버리고 신과의 직접적인 관계를 추구하기 시작했다.

그는 아내를 잃고 목사직을 내려놓은 뒤로 10개월간의 유럽 여행길에 올랐고, 새로운 소명을 가지고 돌아왔다. 에머슨은 작가 겸 강연자가 되어 내면의 빛에 기대는 법을 가르치기로 했다.

오늘날 우리는 에머슨을 주로 글을 쓰는 작가로 알고 있지만 그는 살아 있는 동안 대중 연설로 유명했다. 1833년부터 1877년까지 1,500회가 넘는 강연을 했다. 뉴잉글랜드와 중서부 곳곳을 찾아다녔고 캘리포니아까지 방문하기도 했다. 한편 노예제를 유지하는 남부의 주에서 강연하는 것은 거절했다. 시민권과 여성 인권의 지지자로서 그는 노예폐지론자와 초기 페미니스트들의 친구였다.

　　　　　　　　　　　　　영혼이 이끄는 삶

그는 초월주의 학술지 《다이얼》의 편집자로 페미니스트였던 마거릿 풀러를 채용했다. 또 1848년 세네카 폴즈에서 열린 최초의 여성 인권 운동 모임에서 발표된 '감성선언서'에 서명하기도 했다. 1855년 보스턴에서 열린 같은 모임에서도 연설을 했다.

스미스소니언 협회에서 강의를 하던 1862년에 그는 에이브러햄 링컨 대통령을 만나 노예제 폐지를 즉각 추진하도록 촉구했다. 바로 다음 해에 노예해방선언이 발표되었다.

에머슨에게 직접 영향을 받은 사람으로는 19세기의 가장 위대한 미국 시인인 월트 휘트먼과 에밀리 디킨슨이 있다. 휘트먼은 스물세 살이던 1842년, 뉴욕에서 열린 에머슨의 '시인'에 대한 강연에 참석했다. 이때 에머슨은 새롭고 개성적인 미국 시를 쓰자고 강조했는데, 이에 대한 응답으로 휘트먼은 『풀잎』이라는 시집(초판 1855년)을 펴냈다. 휘트먼은 말했다.

"저는 부글부글 끓고 있었습니다. 에머슨이 저를 그렇게 만들었죠."

에밀리 디킨슨은 스무 살이던 1850년에 에머슨의

『시Poems』를 선물받았고, 편지에 이렇게 쓴 바 있다.

"랄프 왈도 에머슨이 비밀의 봄을 건드렸습니다."

앰허스트 대학에서 강의하던 1857년에 에머슨은 에밀리 디킨슨의 오빠와 올케의 집에서 지낸 적이 있다. 에밀리는 이웃집에 살고 있었으므로 에머슨과 만났을 것으로 예상되지만 이에 대한 기록은 없다.

또한 에머슨은 자연보존운동의 효시가 된 헨리 데이비드 소로와 존 뮤어에게도 영향을 주었다. 소로는 1837년 하버드 대학에서 에머슨을 처음 만났고 두 사람은 가까운 벗이 되었다. 그리고 1845년, 소로는 월든 호숫가에 있는 에머슨 소유지의 작은 오두막으로 이사했다. 그곳에서 그는 역작『월든』을 썼다.

황무지의 지지자이며 '시에라 클럽'을 창설한 존 뮤어는 에머슨의 책을 읽고 깊은 영감을 받았다. 에머슨이 캘리포니아에 머물던 1871년에 두 사람은 요세미티 국립공원에서 며칠을 함께 보냈다.

뮤어는 이렇게 회상했다.

"에머슨은 제가 만나본 사람 중 가장 고요하고 장엄하며 세쿼이아 같은 영혼이었습니다. 그의 미소는 산

영혼이 이끄는 삶

속의 아침 햇살처럼 달콤하고 평온했습니다. 제가 그동
안 찾아 헤매던 것이 바로 이 사람이라는 걸 느꼈지요."

에머슨의 영향은 심리학 분야에서도 발견된다. 그
의 대자였던 윌리엄 제임스의 『종교적 경험의 다양성』,
『실용주의』 등의 심리학 책에서 에머슨의 영향을 찾아
볼 수 있다. 제임스는 이렇게 말했다. "살아 있는 개인의
자주권을 선언하는 에머슨의 독보적인 연설은 그의 세
대를 열광시키고 해방시켰습니다. 후대의 사람들은 에
머슨을 선지자로 여길 것입니다. 시간이 갈수록 에머슨
의 말은 점점 더 많이 인용될 것이 분명하고 인류의 경
전 중 하나로 자리 잡을 게 틀림없습니다."

에머슨은 1882년 78세의 나이로 세상을 떠났다.
에머슨의 무덤에는 그의 시 한 구절이 새겨져 있다.

수동적인 주인은 그의 위에 계획된 광대한 영혼
에게 손을 빌려주었다.

랄프 왈도 에머슨의 목소리는 멀리 그리고 넓게
퍼져 나가 지금까지도 계속 반향을 일으키고 있다.

이 책의 토대가 된 에머슨의 일기

바다에서.

1833년 9월 8일 일요일.

　나는 종교제일주의자들의 오류가 이것에서 기인
한다고 생각한다. 그들은 자신이 지닌 도덕적 본성의
크기와 조화, 깊이에 대해 모른다. 그래서 도덕규범의
작고 긍정적이고 언어적이며 공식적인 형태, 그리고 아
주 불완전한 형태에만 집착한다. 하지만 무한한 법칙,
법칙의 법칙이자 광대하게 순환하는 진실을 적절하게

나타내줄 수 있는 유일한 상징은 물질 법칙, 천문학 등이다. 그런데 그들은 이 법칙들을 간과하고 이에 대해 언급하면 냉혹하고 불충분하다며 비웃는다.

나는 칼뱅주의를 도덕적 법칙의 불완전한 형태라고 부른다. 유니테리언주의[5]나 무능한 교사의 손안에 있는 다른 모든 종류의 기독교와 비기독교 신앙도 마찬가지다. 이와 대조적으로 진정한 교사의 손안에서는 각 종교의 거짓과 한심함, 파벌주의가 떨어져 나가고 사람들은 이를 통해 각 종교의 고유한 숭고함과 깊이를 꿰뚫어보고 알 수 있다.

또한 이렇게 확고히 자리 잡은 의견 체계를 사람들에게 추천하는 모든 것은 사람들 안에서 도덕적 진실과 같은 역할을 한다. 그리고 이 체계가 공격을 받을 때 설교자의 유익한 선택에 의해 이 모든 것이 밝게 빛나도록 만들어졌다. 이 하나의 전제[6]로 인해 각 교회의 저명한 사람들과 소크라테스, 토마스 아 켐피스, 프랑수아 페넬롱, 윌리엄 버틀러 예이츠, 윌리엄 펜, 에마누엘 스베덴보리, 윌리엄 채닝[7] 등이 모두 같은 것을 생각하고 말한다.

영혼이 이끄는 삶

하지만 유럽 사람들은, 종교를 믿는 신도와 철학자를 동시에 설득하는 것은 무엇인지 한번 들어보자고, 이 새로운 것에 귀를 기울이자고 말할 것이다. 이것은 아주 오랜 역사를 지니고 있다. 완벽한 아름다움이 완벽한 선함이라는 것은 오래전에 드러난 사실이다. 이것은 인간 본성의 도덕적 법칙이 탁월한 일치를 이루며 발전한 것이다. 그 본성의 놀라운 속성들을 몇 가지만 열거해보겠다.

사람은 자신을 다스리는 데 필요한 모든 것을 이미 가지고 있다. 사람은 스스로 자신의 법을 만든다.

사람에게 닥치는 진정으로 선하거나 악한 모든 것은 그 자신에게서 나온다. 우리에게 도움을 주거나 피해를 줄 수 있는 것은 자신뿐이다.

어떤 것도 우리에게 주어지거나 우리에게서 빼앗아갈 수 없지만 항상 보상은 존재한다. 모든 행동은 새로운 조건에서 대리인을 둔다.

사람의 영혼과 세상에 존재하는 모든 것, 더 적절히 표현하면 사람에게 알려진 모든 것 사이에는 관련성이 있다. 규칙을 무시한 채 세상 만물을 연구하지 말고 자신의 내면을 꿰뚫어보라.

스스로를 이해하는 것이 삶의 목적일 것이다.

그렇게 사는 사람은 묘사된 대로 미래를 살지 않고 진정한 현재를 살아냄으로써 진정한 미래를 산다.

가장 높은 계시는 신이 모든 사람 안에 존재한다는 것이다.

랄프 왈도 에머슨

영혼이 이끄는 삶

카스파르 다비트 프리드리히, 「항해하는 배 갑판 위에서」, 1818~1820년.

미주

1. 에머슨의 자연관에서 가장 중요한 개념으로, 발음 그대로 '오버소울' 또는 '대령大靈'이라고 표기하기도 한다. 오버소울은 플라톤이 말하는 우주 영혼, 혹은 신플라톤주의에서 말하는 세계 영혼과 같은 개념이다. 각 개인의 영혼은 오버소울에서 유출된 것으로, 오버소울의 본질을 그 안에 잠재적으로 가지고 있다. (『자기 신뢰』, 랄프 왈도 에머슨 지음, 이종인 옮김, 현대지성) 오버소울은 보편적인 영혼, 무한하고 초월적인 정신을 뜻한다.

2. 힌두교 최고의 신.

3. 세계에서 가장 긴 동굴. 미국 켄터키주에 있는 매머드 케이브 국립공원 안에 있다.

4. 바람에 의해 연주되는 악기. 고대 그리스 바람의 신인 아울루스에서 이름을 따왔다.

5. 이신론의 영향을 받은 기독교 신앙. 이신론은 16세기에 처음 나타났는데 계시를 부정하고 이성의 힘을 강조한다. 성부, 성자, 성령의 삼위일체를 믿는 주류 기독교와 달리 성자 예수그리스도를 성부 하느님과 동일시하지 않는다. (『자기 신뢰』, 랄프 왈도 에머슨 지음, 이종인 옮김, 현대지성) 랄프 왈도 에머슨은 유니테리언 목회자 집안에서 태어났다.

6. 여기에서 말하는 하나의 전제란 신비주의 사상이다. 신비주의란 전통
    적인 기독교의 교리와 형식 등에 회의를 갖고 내적인 영성, 신비적인
    체험, 신의 계시를 통한 구원을 강조한 사상이다.

7. 토마스 아 켐피스는 독일의 성직자이자 신비주의자, 프랑수아 페넬롱
    은 프랑스의 성직자이자 신비주의자, 윌리엄 버틀러 예이츠는 기독교
    의 전통을 거부하고 신비주의를 탐구한 아일랜드의 시인, 윌리엄 펜
    은 청교도 이념에 따라 미국 펜실베이니아주를 건설한 신비주의 종교
    지도자, 에마누엘 스베덴보리는 스웨덴의 기독교 신비주의자, 윌리엄
    채닝은 19세기 초반에 활동한 미국의 대표적인 유니테리언주의 설교
    자다.

옮긴이 **이 경**

이화여자대학교를 졸업하고 기업 홍보팀 사보기자, 기내잡지 편집자를 거쳐 영어 전문 번역가로 일하고 있다. 읽는 것이 가장 큰 즐거움이다. 『킬러 프레젠테이션』, 『여행 능력자를 위한 거의 모든 상식』, 『안녕한 하루하루』, 『세계 최고의 스트리트 푸드』 등의 책을 번역했다. 현재 출판번역 에이전시 글로하나에서 다양한 분야의 영미서를 리뷰, 번역하고 있다.

영혼이 이끄는 삶

초판 1쇄 인쇄 2022년 10월 25일
초판 1쇄 발행 2022년 11월 2일

지은이 샘 토로드
옮긴이 이경

편집 윤성훈
교정교열 김정현
디자인 *studio* weme
마케팅 ㈜에쿼티
제작 ㈜공간코퍼레이션

펴낸이 윤성훈 **펴낸곳** 클레이하우스㈜
출판등록 2021년 2월 2일 제2021-000015호
주소 경기도 파주시 회동길 530-20 402호
전화 070-4285-4925 **팩스** 070-7966-4925 **이메일** books@clayhouse.kr

ISBN 979-11-977684-7-7 (03110)

클레이하우스㈜가 더 나은 책을 펴낼 수 있도록 의견을 남겨주시거나 오타를 신고해주세요.
QR코드에 접속해 독자 설문에 참여해주신 분께 추첨을 통해 선물을 드리겠습니다.